TIROL KOCHT

Edition
gourmetreise

12 DER ANGESAGTESTEN KOCHSTARS AUS TIROL GEWÄHREN EINEN BLICK HINTER DIE KULISSEN UND PRÄSENTIEREN IHRE IDEEN UND BESTEN REZEPTE.

Edition
gourmetreise

TIROL KOCHT

GAULT MILLAU
2012

Heimat liebe
Andreas Senn

INHALT

INHALT

„TIROL KOCHT“ – 144 SEITEN VOLLER GENUSS:
ERSTMALS ÖFFNEN 12 DER ANGESAGTESTEN STARKÖCHE AUS TIROL IHRE PERSÖNLICHEN REZEPTBÜCHER UND GEWÄHREN EINEN EXKLUSIVEN EINBLICK IN IHRE RESTAURANTS UND KÜCHEN.

12 RESTAURANTS 12 STARKÖCHE UND IHRE BESTEN REZEPTE

Tirol hat mit an Sicherheit grenzender Wahrscheinlichkeit die meisten – und, wie viele behaupten, auch schönsten – Berge Österreichs vorzuweisen. Für die Kochelite des Landes ist das aber noch lange kein Grund, mit ihren grandiosen kulinarischen Kreationen hinter selbigen zu halten. Immerhin ist es ihnen und ihrer Extraportion Leidenschaft, Innovationsgeist und perfekten Handwerks zu verdanken, dass Tirol zu den angesagtesten und abwechslungsreichsten Gourmethotspots Österreichs zählt. Autorin Stephanie Fuchs nimmt Sie mit auf eine aufregende kulinarische Reise und präsentiert gemeinsam mit den besten Köchen Tirols 36 Rezepte, die Lust auf Genuss machen.

Was dieses Kochbuch von anderen unterscheidet: Hier stehen nicht nur die genialen Küchenkreationen der 12 Protagonisten im Rampenlicht, auch die Köche selbst bekommen jene Bühne, die ihnen zusteht. Und auf dieser gewähren sie exklusive Einblicke in ihre Wirkungsstätten, plaudern über Vorbilder, Küchenphilosophien und verraten das eine oder andere Küchengeheimnis. In Szene gesetzt wurden sie dabei von Meisterfotograf Wolfgang Hummer, der mit seiner Kamera ein einzigartiges kulinarisches Stimmungsbild zeichnet.

Tauchen Sie ein in die Welt der besten Köche Tirols und entdecken Sie die aufregendsten Rezepte von echten Legenden und aufstrebenden Jungstars – wie immer verständlich rezeptiert und ganz einfach am heimischen Herd nachzukochen.

Ganz egal, ob Sie den Stars dieses Buchs einen Besuch abstatten oder selbst an die Töpfe und Pfannen gehen – wir wünschen Ihnen jedenfalls viel Freude beim Nachkochen und Lesen.

Tirol kocht! Kochen Sie mit!

Jürgen Pichler
Herausgeber

Harald J. Koch
Herausgeber

IN DER KÜCHE DES TIROLER DESIGN-TEMPELS **„MADLEIN“** LÄSST MIT **BRUNO SOJER** EIN EHER STILLER ZEITGENOSSE DIE PUPPEN TANZEN – ABER STILLE WASSER SIND VERDAMMT GENIAL.

VISIONÄR MIT STAR POTENZIAL

Die Ruhe, die Bruno Sojer ausstrahlt, ist wahrlich erstaunlich – zumal der Mann in einer Umgebung werkt, in der mehr Partys gefeiert werden als irgendwo sonst in Tirol: Ischgl. Aber das alles beeindruckt den Tiroler Koch-Shootingstar ganz und gar nicht, seine Lieblingsparty steigt ohnehin hinterm Herd. Denn ist der gebürtige Lechtaler, den es nach zehn Jahren bei Größen wie Heinz Winkler & Co. wieder in die Heimat zog, auch karg an Worten, an Ideen, die Küche des „Madlein“ zur besten des Landes zu machen, fehlt es ihm keineswegs. Nichts anderes hat sich Sojer, dessen Küchenmantra „Alles, außer fad“ lautet, zum Ziel gesetzt. Wer einmal in den Genuss seiner avantgardistisch angehauchten Crossover-Küche gekommen ist, der hat keinen Grund, daran zu zweifeln, dass ihm das auch gelingen könnte.

DESIGNTEMPEL FÜR ALLE SINNE

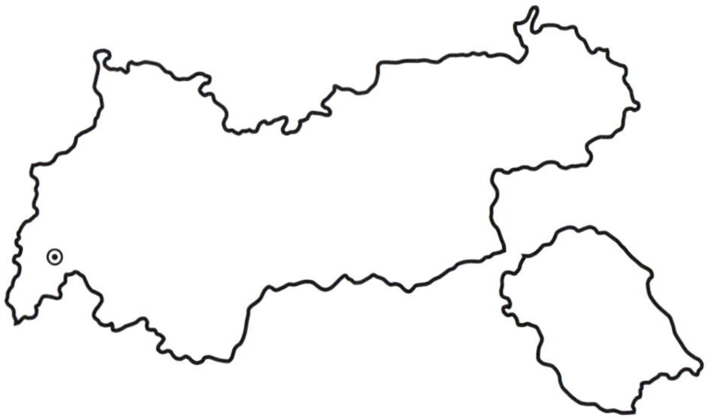

Designhotel Madlein
Madleinweg 2
A-6561 Ischgl
Tel.: +43 (0) 54 44/52 26
E-Mail: info@madlein.com
www.madlein.com

Ein Designhotel mitten in den idyllischen Tiroler Alpen, das vor Extravaganz nur so strotzt und in dem das Wort „gewöhnlich" abgeschafft wurde. Das geht? Ja. Günther Aloys, Patron des Gesamtkunstwerks „Designhotel Madlein" und Mastermind vieler Events, die Ischgl zum ultimativen Hotspot der Alpen gemacht haben, hat das eindrucksvoll bewiesen. Das „Madlein" ist ein Meisterstück, architektonisch eine gelungene und fein abgestimmte Melange aus Pomp und Purismus, ein Ort, an dem informeller Luxus zelebriert wird und tausend kleine Details für mindestens ebenso viele Wow-Erlebnisse sorgen. Diesem atmosphärischen Gesamterlebnis trägt Bruno Sojer mit seinen außergewöhnlichen Kreationen voll und ganz Rechnung. Wer Tirol in jeder Hinsicht klischeebefreit genießen will, ist hier goldrichtig.

AUSTER

mit Bohnengelee und Rinderrouladen-Gel

FÜR 4 PERSONEN:

AUSTERN:
3 frische Austern
8 g Ossietra-Kaviar
etwas Austernkraut

BOHNENPÜREE:
200 g weiße Bohnen
40 g Speck
30 g Schalotten
50 ml Weißwein
50 ml Noilly Prat
2 l Geflügelfond
400 ml Sahne

BOHNENGELEE:
2 kg grüne Bohnen
1 Bd. Bohnenkraut
8 g Agar-Agar
1 l Fond
Salz

BOHNENCHIPS:
Schale von weißen Bohnen, Läuterzucker, Zucker, Wasser

RINDERROULADEN-GEL:
2 Rinderrouladen
3 Blatt Gelatine
1 l Fond

AUSTERN: Die Austern im Ofen bei 65 °C für 3 Minuten im Ganzen pochieren, ablösen und Barten entfernen.

BOHNENPÜREE: Die weißen Bohnen 24 Stunden in Geflügelfond einweichen, anschließend schälen. Schalotten und Speck anschwitzen, Bohnen hinzugeben und mit Weißwein und Noilly Prat ablöschen. Reduzieren lassen, mit Geflügelfond angießen und weich kochen. Zum Schluss mit Sahne auffüllen, mixen und durch ein Sieb streichen.

BOHNENGELEE: Die Bohnen mit Bohnenkraut in reichlich Salzwasser weich blanchieren und in Wasser (mit Eis) abschrecken, abtropfen lassen. Die Bohnen mit etwas Blanchier-Fond aufmixen und im Etamin abtropfen lassen. Den gewonnenen Sud gut abschmecken, mit Agar-Agar (8 Gramm/Liter) gelieren und dünn gießen, dann erkalten lassen.

BOHNENCHIPS: Die Schale der Bohnen in Läuterzucker blanchieren und im Dehydrator kross trocknen lassen.

RINDERROULADEN-GEL: Klassische Rinderrouladen schmoren und in eine Pacojet-Dose einsetzen, danach 24 Stunden durchfrieren lassen. Nach der Ruhezeit die Rouladen fein pacossieren, durch ein Sieb streichen, Fond aufkochen und mit 3 Blatt Gelatine pro Liter Fond gelieren. Nach weiteren 24 Stunden das Gel mit einem Schneebesen aufrühren und in eine Spritzflasche abfüllen.

ANRICHTEN: Das Bohnenpüree oval anrichten, die erste Auster daraufsetzen, mit Ossietra-Kaviar bestreichen und dann die restlichen Austern mit Kaviar dazwischen aufeinanderschichten. Zum Schluss mit dem Bohnengelee abdecken, mit Rinderrouladen-Gel-Tupfern, Bohnenchips und Austernkraut garnieren.

PROFITIPP:
« **Wird die Auster auf einem Teller mit Erhöhung in der Mitte angerichtet, ergibt sich ein aufregender optischer Effekt.**
Bruno Sojer, Küchenchef

WEINEMPFEHLUNG:

2008 ZIERFANDLER SPIEGEL
JOHANNESHOF REINISCH
TATTENDORF/BURGENLAND
Elegant cremiger Duft mit exotischen Nuancen, vielschichtig und komplex am Gaumen, straffer Körper mit schöner Säure ausgestattet, tolles Lagerpotenzial.
www.j-r.at

SCHWIERIGKEITSGRAD: MITTEL | **ZUBEREITUNGSZEIT:** 3 STUNDEN (OHNE RUHEZEIT)

SPARERIB VOM STEINBUTT

mit Süßkartoffel und Steinpilz-Langostino-Tee

FÜR 4 PERSONEN:

STEINBUTT:
4 Stück **Steinbuttsaum**, mit Rippen
etwas **Butter**

LANGOSTINO-TEE:
1 kg **Langusten**
3 **Karotten**
1 Stange **Lauch**
6 **Schalotten**
2 **Knoblauchzehen**
4 Stangen **Staudensellerie**
½ kg **Tomaten**
10 bis15 **Champignons**
500 ml **Weißwein**
700 ml **weißer Portwein**
200 ml **roter Portwein**
200 ml **Geflügelfond**
1 kg **Butter**
500 ml **Traubenkernöl**
8 Stk. **Sternanis**
Lorbeerblätter, **schwarzer Pfeffer**, **Zitronenschale**

STEINPILZROYAL:
500 ml **Steinpilzfond**
750 g **Crème fraîche**
10 **Eigelb**

SÜSSKARTOFFEL-BONBONS:
100 ml **Steinpilzfond**
0,8 g **Agar-Agar**
0,2 g **Gelan**
100 g **Süßkartoffelpüree**
30 g getrocknete **Aprikosen**
Petrischalen

STEINBUTT: Steinbutt filetieren, die Rippen mit Saum abschneiden und in einer Pfanne mit etwas Butter anbraten. Die Karkassen beiseitelegen.

LANGOSTINO-TEE: Langusten zerkleinern, in Butter anlassen, Gemüse dazugeben und mit Portwein ablöschen, danach einreduzieren lassen. Mit 200 Milliliter Geflügelfond aufgießen, die Gewürze hinzufügen und 20 Minuten köcheln lassen. Danach passieren und erkalten lassen. 500 Milliliter Flüssigkeit und 500 Milliliter Traubenkernöl zusammen mit 200 Gramm Steinbutt-Karkassen kalt einlegen. Danach Öl, Langusten, Tee und Steinbuttkarkassen vakuumieren und im Wasserbad eine Stunde ausziehen lassen. Alles passieren. Übrig bleiben Öl und der Tee.

STEINPILZROYAL: Alle Zutaten vermengen und in Silikonformen füllen, danach bei 85 C° etwa 45 Minuten pochieren.

SÜSSKARTOFFEL-BONBONS: Fond aufkochen, Agar-Agar und Gelan hinzufügen, in Petrischalen aufgießen und erkalten lassen. Danach das Süßkartoffelpüree einspritzen, mit den getrockneten Aprikosen vermischen und Bonbons formen.

ANRICHTEN: Steinbutt-Sparerib am Teller auflegen, Steinpilzroyal links und Bonbon rechts platzieren, mit Öl angießen und den Tee am Tisch eingießen.

PROFITIPP:
« **Statt des Steinbutts kann man auch einen anderen Fisch mit viel Eigengeschmack, etwa Wolfsbarsch oder Brasse, nehmen.**
Bruno Sojer, Küchenchef

WEINEMPFEHLUNG:

2011 RIESLING ALTE REBEN
WEINGUT HOFBAUER-SCHMIDT
HOHENWARTH/WEINVIERTEL
Duft nach Weingartenpfirsich und reifen Marillen, komplex und körperreich, sehr elegant.
www.hofbauer-schmidt.at

SCHWIERIGKEITSGRAD: MITTEL | **ZUBEREITUNGSZEIT:** 3 STUNDEN

MARZIPANBRIOCHE
mit Apfel und Rotkohlsorbet

FÜR 4 PERSONEN:

MARZIPANBRIOCHE:
125 g Mehl
3 Eier
10 g Hefe
55 g gewürfelte Butter
25 g Zucker
150 g Rohmarzipan
2 EL Läuterzucker
Grand Marnier
Amaretto
etwas Vanille, Zimt, Salz
Zitronen- und Orangenabrieb

APFELMOUSSE:
7 Äpfel
200 g brauner Zucker
150 ml weißer Portwein
75 g Butter
1 Vanille- und 1 Zimtstange

ROTKOHLSORBET:
5 kg Rotkohl, fein geschnitten
1½ l roter Portwein
1½ l Rotwein
400 ml Himbeeressig
500 ml Orangensaft
1 l Apfelsaft
5 geriebene Äpfel
400 g Preiselbeeren
100 g Zucker
150 g brauner Zucker
100 g Gänsefett
20 g Risottoreis
Lorbeerblätter, Zimt,
Nelken, etwas Kardamom
1 EL flüssige Glucose
2 g Glycerin, Salz

MARZIPANBRIOCHE: Hefe und Mehl vermengen, dann die Eier und den Zucker sowie Salz, Vanille, Zimt und etwas Zitronenabrieb hinzufügen. Gut vermengen und kneten, bis sich der Teig ablöst. Dann die Butter hinzufügen und den Teig so lange weiterkneten, bis er geschmeidig ist. Für die Fülle Rohmarzipan mit Läuterzucker, Orangen- und Zitronenabrieb, Grand Marnier und Amaretto zu einer streichfähigen Masse verkneten.

APFELMOUSSE: Äpfel schälen. Braunen Zucker karamellisieren lassen, mit Portwein ablöschen, Äpfel zugeben und gemeinsam mit Vanille und Zimt weich kochen. Zum Schluss Butter einrühren und pürieren.

ROTKOHLSORBET: Rotkohl salzen und mit Rotwein, Portwein, Apfelsaft, Orangensaft und Himbeeressig vermengen. 24 Stunden ziehen lassen. Danach den Kohl vom Saft absieben, den braunen Zucker mit Gänsefett karamellisieren, den Kohl hinzufügen, leicht anschwitzen und mit dem Marinaden-Saft auffüllen. Geriebene Äpfel, Preiselbeeren und Risottoreis hinzufügen, die Gewürze in einen Gewürzsack verpacken und etwa 2 Stunden lang mitkochen. Danach den Gewürzsack entfernen und entsaften. Den Saft abmessen und auf einen Liter Saft einen Esslöffel Glucose und 2 Gramm Glycerin verteilen.

ANRICHTEN: Apfelmousse auf dem Teller verteilen, Brioche daraufsetzen und daneben das Rotkohlsorbet platzieren.

PROFITIPP:
« **Wenn die Butter lauwarm ist und erst zum Schluss in den Teig kommt, wird dieser besonders geschmeidig.**
Bruno Sojer, Küchenchef

WEINEMPFEHLUNG:

2009 EISWEIN MERLOT
WEINGUT JOHANNESHOF-REINISCH
TATTENDORF/BURGENLAND
Intensiv fruchtiger Duft von Johannisbeere, am Gaumen wieder die Frucht von Johannisbeere, perfekte Balance von Fruchtsüße.
www.j-r.at

SCHWIERIGKEITSGRAD: MITTEL | **ZUBEREITUNGSZEIT:** 5 STUNDEN (OHNE RUHEZEIT)

WO **ROLAND GEISBERGER** AUFTAUCHT, BRUMMT ES. SO AUCH IN DER KÜCHE DES HAUBEN-GEKRÖNTEN **„EUROPA STÜBERLS“** IN INNSBRUCK, WO SICH DER VISIONÄRE FREIGEIST MIT VOLL-GAS IN DIE HERZEN DER GOURMETS KOCHT.

EASY RIDE ZUM GENUSS

Ein echter Revoluzzer steht da am Herd des „Europa Stüberls“. Einer, der die kulinarischen Traditionen Tirols in Ehren hält und dennoch keine Gelegenheit auslässt, seinen Gästen zu zeigen, wie international und crossover regionale Küche sein kann. Wie kein anderer versteht es der weltgewandte und weit gereiste Tiroler Spitzenkoch, mit einer gehörigen Portion Leidenschaft und perfektem Handwerk Klassiker der heimischen Küche zu entstauben – und zaubert Feinschmeckern mit Kreationen wie „Spargelblanquette mit Wachtel und Trüffel“ oder „Hummerbisque mit getrüffelten Sellerietascherln“ stets ein zufriedenes Lächeln auf die Lippen. Das vielseitige Spiel mit Aromen und neuen Akzenten ist es, was Roland Geisberger unter Freiheit versteht. Und die nimmt ihm so schnell auch keiner mehr.

GrandHotel Europa
Innsbruck
1869
Roland Geisberger
Küchenchef

DER REIZ DER GEGENSÄTZE

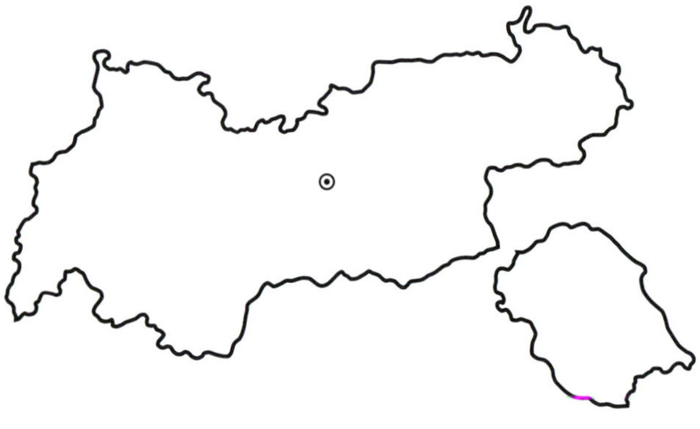

Europa Stüberl
Grand Hotel Europa
Südtiroler Platz 2, A-6020 Innsbruck
Tel.: +43 (0) 512/59 31
E-Mail: info@grandhoteleuropa.at
www.grandhoteleuropa.at

Das „Europa Stüberl" ist der beste Beweis dafür, wie anziehend Gegensätze wirken können. Im Innsbrucker Schlemmer-Mekka gehen Tradition und Moderne nämlich eine besonders reizvolle Symbiose ein. Während man in der im klassischen Tiroler Stil gehaltenen Stuben des „Europa Stüberls" ganz traditionell in die unkonventionelle Gourmetküche Roland Geisbergers eintauchen kann, bieten die Bar in der Lobby des „Grand Hotels Europa" und die Weinstube des Restaurants modernes, zeitlos elegantes Flair, wie man es eher in Gourmettempeln und Nobelhotels in New York oder London vermuten würde. Wenig erstaunlich also, dass sich der ganz und gar nicht langweilige Chef de Cuisine Roland Geisberger hier wohlfühlt und zu immer neuen kulinarischen Höhenflügen ansetzt. Der Laden brummt!

THUNFISCHBURGER
mit Wasabi-Eis und Mini-Frites

FÜR 4 PERSONEN:

THUNFISCHBURGER:
360 g Thunfisch-Sashimi
10 g Schalotten
10 g getrocknete Tomaten
10 g Kapern
8 g Wasabikaviar
gerösteter Sesam
Sesamöl
Salz, Pfeffer

WASABI-EIS:
200 ml Milch
30 ml Sahne
4 g Milchpulver
4 g Wasabipulver
50 g Glucose
12 g Passepierre-Algen
Sesamöl

MINI-FRITES:
120 g Kartoffelpüree
2 Kartoffeln

ANRICHTEN:
Sojakaramell
Rock-Chives-Kresse

THUNFISCHBURGER: Das Thunfischfilet in 3 Millimeter dicke Scheiben schneiden und mit einem Ring von sieben Zentimeter Durchmesser 2 Stück pro Person ausstechen. Den restlichen Thunfisch fein hacken und mit Schalotten, Tomaten und gehackten Kapern vermischen. Mit Salz, Pfeffer und Sesamöl würzen. Die Thunfischscheiben in einer Grillpfanne kurz anbraten und mit dem Tatar füllen. Mit geröstetem Sesam und Wasabikaviar garnieren

WASABI-EIS: Alle Zutaten bis auf die Algen auf 85 °C erhitzen und in der Eismaschine frieren, zu Kugeln formen und mit in Sesamöl marinierten Algen anrichten.

MINI-FRITES: Die Kartoffeln schälen und in 5 Millimeter dicke Stäbchen schneiden, kurz blanchieren und knusprig frittieren. Auf dem Kartoffelpüree anrichten.

ANRICHTEN: Wie auf dem Foto anrichten und mit Sojakaramell und Rock-Chives-Kresse garnieren.

PROFITIPP:
« **Für dieses Gericht sollte unbedingt ganz frischer Thunfisch von bester Qualität verwendet werden.**
Roland Geisberger, Küchenchef

WEINEMPFEHLUNG:

2009 ROT SYLT
WEINGUT PFNEISL
KLEINMUTSCHEN/BURGENLAND
Blend aus Syrah und Zweigelt, am Gaumen saftig und harmonisch, herzhafte Frucht. Ein Gaumenschmeichler und fabelhafter Essensbegleiter.
www.wine-pentagon.com

SCHWIERIGKEITSGRAD: LEICHT | **ZUBEREITUNGSZEIT:** 1 STUNDE

LAMMRÜCKEN

mit Bärlauch, Tempuraschnecken und Artischockenlasagne

FÜR 4 PERSONEN:

LAMMRÜCKEN:
480 g parierter Lammrücken
50 g Butter
1 Eigelb
40 g Bärlauch
5 g Dijon-Senf
50 g Mie de pain
200 ml Rotweinsauce
Salz, Pfeffer

TEMPURASCHNECKEN:
12 Weinbergschnecken
40 g Tempuramehl
8 cl Wasser
4 Knoblauchzehen
100 ml Noilly Prat
100 ml Weißwein
3 g Lecithin

ARTISCHOCKENLASAGNE:
6 Artischockenböden
200 ml Sahne
½ Zitrone
5 g Butter
Salz

LAMMRÜCKEN: Für die Bärlauchkruste die Butter mit dem Eigelb schaumig rühren. Die Bärlauchblätter blanchieren, in Eiswasser abschrecken, ausdrücken und fein püriert dem Butterabtrieb beigeben. Senf und Mie de pain unter den Abtrieb mischen und würzen. Teigziegel zwei Stunden kühl rasten lassen. Den Lammrücken würzen und in der Pfanne scharf anbraten. Bei 140 °C für 10 Minuten im Backrohr medium garen. Mit dünnen Scheiben von der Bärlauchkruste belegen und bei starker Oberhitze gratinieren.

TEMPURASCHNECKEN: Für den Knoblauchschaum die Zehen blättrig schneiden und in Noilly Prat und Weißwein auskochen. Durch ein feines Sieb passieren und den Fond mit Wasser auf 200 Milliliter aufgießen, würzen, 3 Gramm Lecithin dazugeben und mit dem Stabmixer aufschäumen. Das Tempuramehl mit Wasser zu einem Teig verrühren. Die Schnecken abtropfen lassen, in den Tempurateig tauchen und in heißem Fett knusprig backen.

ARTISCHOCKENLASAGNE: Die Artischockenböden in Zitronen-Salzwasser kochen und im Fond abkühlen lassen. Mit der Aufschnittmaschine etwa 2 Millimeter dicke Scheiben schneiden. Mit einem Ring von 7 Zentimeter Durchmesser ausstechen. Die Artischockenabschnitte mit Sahne pürieren, mit Butter montieren und das Püree würzen. Die Böden im Fond erhitzen und abwechselnd mit dem Püree zu einer Lasagne zusammensetzen. Das restliche Püree zu Nockerln formen und anrichten.

PROFITIPP:

« Anstelle des Lammrückens eignet sich auch Rehrücken hervorragend für dieses Gericht.

Roland Geisberger, Küchenchef

WEINEMPFEHLUNG:

2010 CUVÉE DAS PHANTOM
WEINGUT K+K KIRNBAUER
DEUTSCHKREUTZ/BURGENLAND
Vielschichtige Cuvée mit Waldbeer-Preiselbeer-Note. Feine Röstaromen, elegant, vollmundig.
www.phantom.at

SCHWIERIGKEITSGRAD: LEICHT | **ZUBEREITUNGSZEIT:** 2½ STUNDEN

RICOTTA EXOTIC

Ricotta-Auflauf mit Mangosorbet

FÜR 4 PERSONEN:

RICOTTA-AUFLAUF:
100 g Ricotta
100 g Sauerrahm
1 Eigelb
8 g Maizena
8 g Vollmilchpulver
24 g Kristallzucker
20 g brauner Zucker
1 Eiweiß
Vanillemark
Zitronenabrieb, Butter, Zucker

MANGOSORBET:
300 g Mangopüree
75 ml Weißwein
75 g Zucker
1 EL Glucosesirup

KAKAOHIPPEN:
1 Eiweiß
20 g Kakao
20 g Staubzucker

ANRICHTEN:
2 Passionsfrüchte
10 g brauner Zucker
exotische Früchte nach Wahl

RICOTTA-AUFLAUF: Ricotta, Sauerrahm und Eigelb verrühren. Nach und nach Maizena, Milchpulver, Vanille und Zitrone untermischen. Eiweiß zu Schnee schlagen und mit Kristallzucker aufschlagen. Den Eischnee unter die Ricotta-Masse heben und in eine gebutterte, mit Zucker ausgestreute Soufflé-Form füllen. Im Wasserbad unter dem Siedepunkt oder im Steamer 20 bis 25 Minuten pochieren. Stürzen und mit braunem Zucker abflämmen.

MANGOSORBET: Fruchtmark, Weißwein, Zucker und Sirup aufkochen. In eine Sorbetière füllen und frieren.

KAKAOHIPPEN: Eiweiß, Kakao und Staubzucker zu einer Masse verrühren. In einen Spritzsack füllen und auf Backpapier dünn aufdressieren. Bei 160 °C für 5 Minuten backen.

ANRICHTEN: 4 halbe Passionsfrüchte mit braunem Zucker abflämmen, exotische Früchte schneiden und zu einem Mosaik legen.

PROFITIPP:
« **Der Ricotta lässt sich auch gut durch Schafmilch-Topfen ersetzen.**
Roland Geisberger, Küchenchef

WEINEMPFEHLUNG:

2010 GRÜNER VELTLINER EISWEIN
WEINGUT TÜRK
STRATZING/KREMSTAL
Leuchtendes Goldgelb, in der Nase frische Zitruszesten, Ananas und Kletzenbrot, zarte Tabakwürze, am Gaumen frische Süße, finessenreiches Säurespiel, langer Nachhall.
www.weinguttuerk.at

SCHWIERIGKEITSGRAD: LEICHT | **ZUBEREITUNGSZEIT:** 1 ½ STUNDEN

HOCH HINAUS WOLLTE **BERNHARD NEUHOLD** IMMER SCHON. UND DIE **„GALZIG VERWALLSTUBE“** IST DER IDEALE ORT, UM MIT SEINER GENIALEN FUSIONS-KÜCHE NACH DEN STERNEN ZU GREIFEN.

SHAKE IT LIKE NEUHOLD

Dass er einmal der „höchste 2-Hauben-Koch Europas“ werden würde, hat sich Bernhard Neuhold wohl in seinen kühnsten Träumen nicht ausgemalt. Mittlerweile hat sich der aus Niederösterreich stammende Spitzenkoch an seine Wirkungsstätte in 2185 Meter Seehöhe ebenso gewöhnt wie an die Tatsache, dass er seine Ware jeden Morgen mit der Gondel in die Küche der „Verwallstube“ transportieren muss. Logistische Herausforderungen dieser Art nimmt der Küchenchef aber gelassen. Er konzentriert sich lieber darauf, mit seinen wahrhaft himmlischen Kreationen genussaffine Normalo-Skiläufer ebenso wie Wladimir Putin oder Caroline von Monaco zu begeistern. Für Neuholds grandiose kulinarische Vorstellung mit Hauptdarstellern wie Berglamm & Co. ist nämlich selbst Königs kein Berg zu hoch.

GAULT MILLAU
16 von 20 Punkten
2012
Galzig
Restaurant
Verwallstube
am Galzig

AM GIPFEL DER GENÜSSE

Galzig Verwallstube
Bergstation Galzig
A-6580 St. Anton
Tel.: +43 (0) 54 46/235 25 01
E-Mail: galzigrestaurant@abbag.com
www.skiarlberg.at

Die Zeiten, in denen hungrige Alpintouristen auf selbst geschmierten Jausenbroten herumkauen mussten, sind ja nun schon länger vorbei. Die im wahrsten Sinne des Wortes aussichtsreichsten Chancen auf eine exklusive Brotzeit bietet Patron Manfred Fahrner in seiner seit 1995 haubengekrönten „Galzig Verwallstube". Im ungezwungen-eleganten Gourmet-Mekka direkt an der Bergstation der Galzig-Bahn trifft man schon mal auf Größen aus Showbiz oder Politik – aber auch die genießen Bernhard Neuholds preisgekrönte Küche und den einen oder anderen bemerkenswerten Spitzenwein in Skikleidung. Steif geht es hier oben nämlich nie zu. Und sollte doch etwas Auflockerung nötig sein, dann spielt Fahrner mit seinen Gästen eben kurz mal Golf: Ein Hole zwischen Küche und Panoramaterrasse macht's möglich.

KÜCHENGOTT

ZANDER
mit kalter Tomatencreme und Lachstatar

FÜR 4 PERSONEN:

ZANDERFILET:
4 Zanderfilets à 150 g
Fenchelholz
Thymian
Rosmarin
Schalotten
Salz
Pfeffer
Zitronensaft
etwas Butter

TOMATENCREME:
2 kg Fleischtomaten
Salz, Pfeffer

LACHSTATAR:
200 g frisches Lachsfilet
1 Salatgurke
1 Schalotte
Dill, Salz, Pfeffer, Zitrone
Prise Zucker
Olivenöl

ZANDER: Den Zander von den Gräten befreien. Mit Zitronensaft, Salz und Pfeffer würzen. In Butter bei mittlerer Stufe knusprig braten, kurz vor dem Anrichten Gewürze hinzufügen und Schalotten kurz mitbraten.

TOMATENCREME: Die Tomaten in kochendem Wasser blanchieren, bis sich die Haut abziehen lässt, vierteln und die Kerne rausschneiden. Mit einem Mixstab kurz mixen, mit Salz und Pfeffer würzen und in ein Gefäß füllen. Die Tomatencreme erkalten lassen, bis sich der Saft unten absetzt.

LACHSTATAR: Den Lachs fein würfelig schneiden, ebenso die geschälte Salatgurke und die Schalotte. Alle Zutaten vermengen und mit Salz, Pfeffer, Zitronensaft, einer Prise Zucker, Dill und Olivenöl abschmecken.

ANRICHTEN: Einen kleinen Tomatencreme-Spiegel in der Mitte des Tellers aufsetzen, das Zanderfilet auf den Spiegel setzen und an den Seiten je eine Nocke Lachstatar platzieren. Mit Kräutern ausgarnieren.

PROFITIPP:

« Falls Sie keinen frischen Zander zur Verfügung haben, können Sie auch auf Loup de mer oder andere Fische zurückgreifen.
Bernhard Neuhold, Küchenchef

WEINEMPFEHLUNG:

2011 RIESLING FEDERSPIEL BURGBERG
WEINGUT NOTHNAGL
SPITZ AN DER DONAU/WACHAU
Intensiver Duft nach Steinobst, steinige Mineralität und animierende Säure. Perfekt zu Fischgerichten.
www.nothnagl.at

SCHWIERIGKEITSGRAD: LEICHT | **ZUBEREITUNGSZEIT:** 1 ½ STUNDEN

LAMMRÜCKEN MIT CHORIZOKRUSTE

mit Erbsenpüree, Kartoffelbaumkuchen und Käsepraline

FÜR 4 PERSONEN:

LAMMRÜCKEN:
1 kg Lammkrone
Öl, Salz, Pfeffer

CHORIZOKRUSTE:
200 g Butter
3 Eigelb
100 g Chorizo
100 g weiße Brösel
100 g Parmesan
1 TL Paprikapulver
Salz, Pfeffer

ERBSENPÜREE:
500 g Erbsen
etwas Sahne
Salz, Pfeffer, Muskat

KARTOFFELBAUMKUCHEN:
390 g mehlige Kartoffeln
50 g Butter
100 g Crème fraîche
5 Eigelb
5 Eiweiß
Salz, Pfeffer, Muskat

KÄSEPRALINE:
4 Blatt Wan Tan
200 g Taleggio
Thymian, Rosmarin

LAMMRÜCKEN: Die Lammkrone mit Salz und Pfeffer würzen. In einer Pfanne mit Öl auf beiden Seiten anbraten und im Rohr bei 160 °C etwa 12 Minuten rosa braten. Kurz rasten lassen und mit der Chorizokruste gratinieren.

CHORIZOKRUSTE: Die Butter mit Eigelb schaumig rühren, danach die fein geschnittene Chorizo hinzufügen. Die weißen Brösel, Parmesan und Paprika untermischen. Mit Salz und Pfeffer würzen. Die Masse zu Rollen formen, in Folie wickeln und kalt stellen.

ERBSENPÜREE: Die Erbsen blanchieren und im Eiswasser abschrecken. Mit der Sahne zu einem Püree aufmixen. Mit Salz, Pfeffer und Muskat abschmecken und sofort anrichten.

KARTOFFELBAUMKUCHEN: Die Kartoffeln kochen undschälen. Die Butter und Eigelb schaumig schlagen, danach mit der Crème fraîche vermischen. Die kalten Kartoffeln passieren und in die Masse geben. Zum Schluss noch das geschlagene Eiweiß unterheben, mit Salz und Pfeffer würzen. Die Masse 2 Millimeter schichtweise in eine Form streichen und backen.

KÄSEPRALINE: Den Käse würfelig schneiden, fein gehackten Thymian und Rosmarin hinzufügen, danach in die Wan-Tan-Blätter einwickeln und knusprig backen.

PROFITIPP:

« **Statt der Chorizo kann man auch Kräuter in die Kruste geben.**
Bernhard Neuhold, Küchenchef

WEINEMPFEHLUNG:

2009 SANKT LAURENT RESERVE
WEINGUT GRASSL
GÖTTLESBRUNN/NIEDERÖSTERREICH
Holunderduft, am Gaumen dunkle Beeren, im Abgang sanft, schön eingebundene Tannine.
www.weingut-grassl.com

SCHWIERIGKEITSGRAD: MITTEL | **ZUBEREITUNGSZEIT:** 2 STUNDEN

SCHOKO-GATEAU
mit Vanille-Bergpfeffer-Eis

FÜR 4 PERSONEN:

SCHOKO-GATEAU:
2 Eier
2 Eigelb
100 ml flüssige Butter
50 g Staubzucker
30 g griffiges Mehl
100 g Bitterschokolade

VANILLE-BERGPFEFFER-EIS:
125 ml Sahne
125 ml Milch
½ Vanilleschote
3 Eigelb
50 g Zucker
50 g Glucose
4 Bergpfefferkörner
Schuss Rum

HIPPENMASSE FÜR DEN LÖFFEL:
50 g Mehl
50 g Staubzucker
50 ml flüssige Butter
50 g Eiweiß

DEKORATION:
Minzpesto, Minze, Himbeeren

SCHOKO-GATEAU: Bitterschokolade schmelzen. Alle Zutaten mit einem Mixstab gut mischen und in ofenfeste Förmchen füllen. Eine Stunde im Kühlschrank anziehen lassen und dann bei 200 °C Umluft 10 Minuten backen. Die Backzeit variiert je nach Größe der Form, der Kern sollte aber unbedingt flüssig bleiben.

VANILLE-BERGPFEFFER-EIS: Die ausgelöste Vanilleschote mit Sahne, Milch, Zucker, Glucose und Rum aufkochen und noch heiß mit dem Eigelb vermischen. Zur Rose abziehen und auf Eis kalt rühren. Die fertige Masse durchsieben und in einer Eismaschine frieren lassen. Den Bergpfeffer mörsern und zum Schluss kurz mitrühren.

HIPPENMASSE FÜR DEN LÖFFEL: Alle Zutaten gut verrühren und kurz anziehen lassen. Eine Schablone mit einer Löffelform anfertigen und auf Backpapier aufstreichen. Bei 180 °C backen und noch heiß formen.

ANRICHTEN: Eine Kugel Eis auf dem Hippen-Löffel platzieren und den Schoko-Gateau im Glas mit frischen Früchten und Minze garnieren. Mit Minzpesto und Himbeeren ausgarnieren.

PROFITIPP:
« **Wer es nicht so pfefferig mag, kann anstelle des Bergpfeffers auch karamellisierte Kürbiskerne verwenden.**
Bernhard Neuhold, Küchenchef

WEINEMPFEHLUNG:

RON ZACAPA 23 CENTENARIO
GUATEMALA
Das Aroma erinnert an Kaffee, Vanille und Schokolade. Am Gaumen sehr mild und zugleich vollmundig.
www.zacaparum.com

 SCHWIERIGKEITSGRAD: LEICHT | **ZUBEREITUNGSZEIT:** 2½ STUNDEN

REGIONAL, SAISONAL, GENIAL. SO LAUTET DAS MOTTO VON **ANDREAS SENN**, DER DAS KÜCHENZEPTER IM GOURMETRESTAURANT **„HEIMATLIEBE"** AUF WAHRHAFT KÖNIGLICHEM NIVEAU SCHWINGT.

DER KÖNIG VON KITZ

Vom unschuldig-verschmitzten Antlitz Andreas Senns, dem mit zwei Hauben gekrönten Chef de Cuisine des Gourmetrestaurants „Heimatliebe" im „Grand SPA Resort A-ROSA Kitzbühel", sollte man sich nicht täuschen lassen. Kreativgenie Roland Trettls ehemaliger Sous Chef hat's nämlich faustdick hinter den Ohren. Was seine Küche verlässt, sind echte Aufreger – und zwar im positivsten aller Sinne. Im stylishen Ambiente des Restaurants bringt Senn vorwiegend regionale Produkte auf den Teller, die mit mutigen, innovativen Akzenten und wahrhaft königlicher Raffinesse glänzen. Seine feinen Fühler für geniale Kreationen streckt der Tiroler Wunderknabe dabei gekonnt in die ganze Welt aus. Denn bei aller Heimatliebe weiß ein echter König stets über den Tellerrand zu blicken.

Heimat
Liebe
Andreas Senn

DEN MUTIGEN GEHÖRT DIE WELT

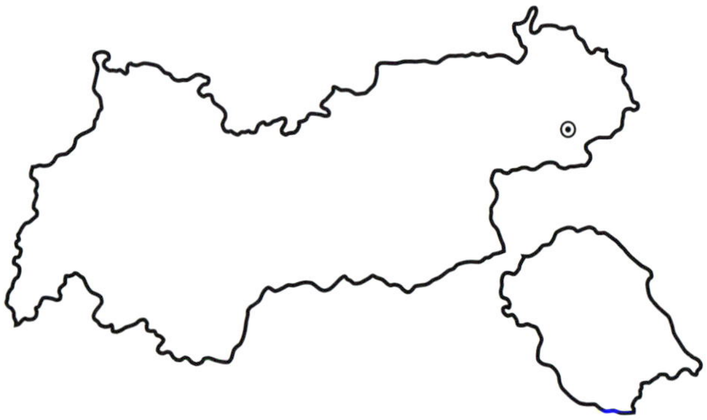

Heimatliebe
Grand SPA Resort A-ROSA Kitzbühel
Ried Kaps 7
A-6370 Kitzbühel
Tel.: +43 (0) 53 56/65 66 09 92
E-Mail: kitzbuehel@arosa.de
www.a-rosa.at

Für einen derart außergewöhnlichen Koch wie Andreas Senn gibt es keinen besseren Ort, sich kulinarisch selbst zu verwirklichen, als das „Grand SPA Resort A-ROSA Kitzbühel". Denn in diesen mondänen Gemäuern lässt es sich ziemlich außergewöhnlich – und außergewöhnlich gut – leben. Facettenreichtum gilt hier als oberste Maxime, und so gibt es in dem alpinen Lifestyle-Paradies vor traumhafter Alpenkulisse nicht nur sensationelle Küche, sondern auch jede Menge aufregende architektonische Details zu entdecken. Es ist ein mutiger und doch stilsicherer Mix aus Alt und Neu, Kitsch und Kunst, Heimat und Weltoffenheit, mit dem man hier ein unverwechselbares, stylish-gediegenes Wohlfühl-Ambiente schafft. Heimatliebe zu zelebrieren war nie schöner – und dank Andreas Senn nie schmackhafter.

Andreas Ser

BORSCHTSCH 2012

Tatar vom Atterochsen, Bio-Eigelb und Rote Bete

FÜR 4 PERSONEN:

TATAR VOM ATTEROCHSEN:
160 g Atterochsenfilet
1 blanchierte Schalotte
1 TL Dijon-Senf
1 TL Ketchup
1 EL geschnittene Röstzwiebeln
Olivenöl, Schnittlauch, Salz,
Piment d'Espelette, Cognac

LAUWARMES BIO-EIGELB:
4 Bio-Eier
100 g Butterschmalz

ROTE-BETE-PÜREE:
200 g gekochte Rote Bete
50 ml Rote-Bete-Saft
Salz, Pfeffer, Himbeeressig

CRÈME-FRAÎCHE-KUGEL:
200 g Crème fraîche
100 ml Vollmilch
Salz, weißer Pfeffer, Zitrone
2 l flüssiger Stickstoff

GEMÜSE-KRAUTSALAT:
1 Spitzkraut, in Scheiben
1 gewürfelte Gelbe Rübe
1 gewürfelte Karotte
1 EL Senfkörner

RÜBEN-CONSOMMÉ:
2 l Rindssuppe
1 kg Klärfleisch
1 rote Rübe
1 Karotte
2 Schalotten
500 ml Rote-Bete-Saft

TATAR VOM ATTEROCHSEN: Alle Zutaten miteinander verrühren und kalt stellen.

LAUWARMES BIO-EIGELB: Die Eier vorsichtig trennen, Eigelb mit dem erwärmten Butterschmalz in kleine Gläser abfüllen und bei 68 °C für 20 Minuten garen.

ROTE-BETE-PÜREE: Alles zusammen im Thermomix zu einer glatten Masse mixen.

CRÈME-FRAÎCHE-KUGEL: Crème fraîche und Milch verrühren, mit Salz, Pfeffer und Zitronensaft abschmecken 10 Minuten ruhen lassen. Einen Küchenschöpfer mit 6 Zentimeter Durchmesser mit etwas Trennfett besprühen und in den flüssigen Stickstoff geben. Wenn der Schöpfer kalt ist, vorsichtig in die Crème-fraîche-Masse geben und warten, bis sich eine etwa 2 Millimeter dicke Schicht festfriert. Die entstandene Halbkugel mithilfe eines Bunsenbrenners vom Schöpfer lösen und sofort einfrieren.

GEMÜSE-KRAUTSALAT: Senfkörner weich kochen. Alle Zutaten in ein Weckglas geben und eine Marinade bestehend aus 100 Gramm Wasser, 30 Gramm Zucker, 30 Gramm weißem Balsamico, 10 ml Essiggurkensaft und einem Teelöffel Kümmel darübergießen. 12 Stunden ziehen lassen.

RÜBEN-CONSOMMÉ: Die kalte Rindssuppe mit allen Zutaten sowie Pfeffer, Lorbeer und etwas Wacholder vermengen und zum Kochen bringen. 2 Stunden ziehen lassen und durch ein Etamin passieren.

ANRICHTEN: Krautsalat in der Mitte anrichten, eine kleine Mulde für die Halbkugel frei lassen. Püree, etwas Kaviar und kleine Mangoldblätter anrichten. Das Tatar in die untere Kugel füllen, ein Eigelb darauf geben und mit der zweiten Hälfte verschließen. Die Consommé direkt vor dem Gast über die Kugel gießen.

PROFITIPP:

» **Den Stickstoff in einer Styroporbox verwenden, damit er sich nicht so schnell verflüchtigt.**
Andreas Senn, Küchenchef

WEINEMPFEHLUNG:

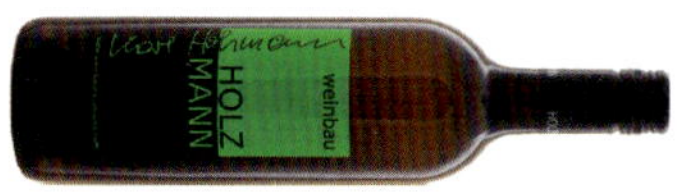

2010 ROTER RIESLING
WEINBAU HOLZMANN
BAD PIRAWARTH/NIEDERÖSTERREICH
Vollreife Steinobstaromen, extrem vielschichtig in Duft und Geschmack, saftig, lange auslaufend, spannend!
www.weinbauholzmann.com

SCHWIERIGKEITSGRAD: MITTEL | **ZUBEREITUNGSZEIT:** 2 STUNDEN (OHNE RUHEZEIT)

OLÉ

Iberisches Spanferkel, Carabinero, Bohnen und Krautröllchen

FÜR 4 PERSONEN:

SPANFERKEL:
1 Spanferkel à 4,5 kg
400 g Schweineschmalz
1 Teebeutel, zum Selbstfüllen
je 1 Zweig Rosmarin, Thymian und Majoran, Kümmel
½ Knoblauchzehe
Chorizo, Lardo

CARABINERO:
4 spanische Wildgarnelen

CHORIZOSAUCE:
150 g Chorizo
50 g gewürfelte Schalotten
350 g rote Paprika
½ Knoblauchzehe
1 TL Tomatenmark
1 l Kalbsjus
je 50 ml reduzierter und frischer Noilly Prat
50 ml Solivella-Olivenöl
Wacholder, Thymian
Rosmarin, Lorbeer

WEISSE BOHNEN:
80 g Risinabohnen
1 Gewürzsäckchen (Lorbeer, Bohnenkraut, Speckschwarte, Rosmarin, Pfeffer)

KRAUTRÖLLCHEN:
1 Spitzkraut
1 Schalotte, in Brunoise
50 g Chorizo, in Brunoise

SPANFERKEL: Das Spanferkel sauber waschen, den Kopf abschneiden, den Teebeutel mit den Gewürzen füllen und in die Bauchhöhle legen. Das Spanferkel mit dem Schmalz vakuumieren und bei 65 °C für 26 Stunden garen. Das noch warme Schwein vorsichtig von allen Knochen und Sehnen befreien. Das Fleisch in gleichmäßige Stücke zupfen und mit je 2 Esslöffeln gewürfelter Chorizo und Lardo sowie einem Teelöffel Activa (Transglutaminase) vermengen. Auf einem mit Folie ausgelegten Blech verteilen und die sauber geputzte, warme Haut darauflegen. Gleichmäßig beschweren und 12 Stunden kühlen.

CARABINERO: Den Schwanz vom Kopf lösen, schälen, entdarmen und scharf anbraten.

CHORIZOSAUCE: 2 Esslöffel Olivenöl erhitzen und die gewürfelte Chorizo scharf anbraten. Paprika, Schalotten und Knoblauch dazugeben und bei reduzierter Hitze weich schmoren. Tomatenmark dazugeben, kurz mitschmoren und mit frischem Noilly Prat ablöschen. Mit Kalbsjus aufkochen, anschließend fein mixen, die Gewürze dazugeben und auf die Hälfte einreduzieren. Durch ein feines Sieb passieren. Mit dem reduzierten Noilly Prat abschmecken. Olivenöl einmontieren und eventuell etwas binden.

WEISSE BOHNEN: Bohnen in Wasser mit dem Gewürzsäckchen weich kochen. Mit etwas frischem Mais und Keniabohnen sowie frisch geschnittenem Bohnenkraut servieren.

KRAUTRÖLLCHEN: Schalotte und Chorizo sautieren, das in Streifen geschnittene Kraut dazugeben und weichschmoren. Mit Salz, Pfeffer, Muskat und geschnittenem Schnittlauch abschmecken. In Frühlingsrollenteig einrollen und bei 160 °C goldbraun frittieren.

PROFITIPP:
« **Anstatt des ganzen Ferkels kann auch eine Spanferkelkeule verwendet werden, die Garzeit verkürzt sich dann dementsprechend.**
Andreas Senn, Küchenchef

WEINEMPFEHLUNG:

2008 SANKT LAURENT RESERVE
WEINGUT JURIS
GOLS/BURGENLAND
In der Nase feine Röstaromen, Duft nach Karamell und Vanille, dunkle Beerenfrucht, saftig, extraktsüß, sehr elegant.
www.juris.at

SCHWIERIGKEITSGRAD: SCHWER | **ZUBEREITUNGSZEIT:** 1½ STUNDEN (OHNE RUHEZEITEN)

MEIN BANANENSPLIT

Falsche Banane mit Bananeneis und Schokokuchen

FÜR 4 PERSONEN:

FALSCHE BANANE:
1 Banane
25 g Staubzucker
30 ml Bols-Bananenlikör
25 g Butter
1 Blatt Gelatine
160 g angeschlagene Sahne

GLASUR:
250 ml Milch
250 ml Wasser
35 g Vegetal
1 TL Goldpulver von Sosa
1 EL Bananenlikör
40 g Zucker
gelbe Lebensmittelfarbe

BANANEN-SCHOKO-EIS:
100 ml Milch
50 ml Bananenflüssigkeit
2 g Xanthan
10 g Glucosepulver
100 g Guanaja
140 g reife Bananen

BANANENKUCHEN:
175 g Bananen
175 g Zucker
175 g Weizenmehl 405
1 großes Ei
6 g Backpulver
50 ml Traubenkernöl
50 ml Milch

BANANENDROP:
300 g Bananen
150 ml Milch

FALSCHE BANANE: Die Banane im Thermomixer pürieren, Staubzucker, etwas Zitronensaft und Bananenlikör dazugeben. Die Butter auflösen und einmixen. Die aufgelöste Gelatine dazugeben und die Sahne unterheben. In eine Bananenform abfüllen und einfrieren.

GLASUR: Alle Zutaten aufkochen, die gefrorene Banane mit einem Zahnstocher aufspießen und kurz in die heiße Flüssigkeit tauchen. Im Kühlschrank auftauen lassen.

BANANEN-SCHOKO-EIS: Alle Zutaten warm miteinander vermixen und im Pacojet-Becher einfrieren. Kurz vor dem Servieren pacossieren.

BANANENKUCHEN: Die Bananen mixen, Ei mit Zucker aufschlagen und mit dem Öl emulgieren. Die pürierten Bananen dazugeben und Milch hinzufügen. Mehl und Backpulver in die Masse sieben und unterheben. Bei 180 °C etwa 30 Minuten backen.

BANANENDROP: Alle Zutaten vakuumieren und bei 60° C sous-vide-garen, in ein Etamin geben und abtropfen lassen. In Halbkugeln abfüllen, frieren und in Schokolade tauchen.

ANRICHTEN: Den Bananenkuchen in Dreiecke schneiden, die falsche Banane danebensetzen, den gekühlten Bananendrop und das Bananeneis anrichten. Mit etwas Schokoladensauce und karamellisierten Mandeln ausgarnieren.

PROFITIPP:

« **Um die Negativform der Bananen herzustellen, eignet sich am besten ein 2-Komponenten-Silikon aus dem Heimwerkergeschäft.**

Andreas Senn, Küchenchef

WEINEMPFEHLUNG:

2000 TBA BLAUER WILDBACHER
DOMÄNE MÜLLER
DEUTSCHLANDSBERG/WESTSTEIERMARK
Himbeerfarben mit leichtem Goldton. Ausgeprägter Duft nach Nüssen. Fruchtbetonte Himbeer- und Herzkirscharomen. Zeigt feine Honig-Botrytisfacetten mit viel Schmelz, ausbalancierte Säure und elegante Struktur.
www.mueller-wein.at

SCHWIERIGKEITSGRAD: MITTEL | **ZUBEREITUNGSZEIT:** 3 STUNDEN

TRADITION VERPFLICHTET. DAS HÄLT **MANFRED ALOYS** ALLERDINGS NICHT DAVON AB, IM **„HOTEL TIROL"** GANZ SELBSTVERSTÄNDLICH NEUE KULINARISCHE WEGE EINZUSCHLAGEN.

EINE RUNDE SACHE

Das Rüstzeug, das ein Koch braucht, um einmal ganz oben in der Liga der Herdkünstler zu spielen, hat Manfred Aloys von seinem Vater mitbekommen, den er in der Position des Küchenchefs im „Hotel Tirol" 2002 beerbt hat: eiserne Disziplin, kreatives Denken und der unbedingte Wille, zu den Besten zu zählen. Die Basiszutaten für jene kreative und leichtfüßige Küche, mit der er sich mittlerweile einen Stammplatz unter den Top-Köchen Tirols gesichert hat, findet Aloys vor der eigenen Haustüre. Mit Paznauner Milchkalb, Bachforelle & Co. sorgt der Küchen-Wirbelwind für großes Kino am Teller. Bodenständige Zutaten und traditionelle Rezepte hüllt er dabei gekonnt in ein aufregend neues, locker-luftiges Kleid. Das ist eben seine Art und Weise, die Tradition hochzuhalten. Und eine neue zu begründen.

TRADITION TRIFFT INNOVATION

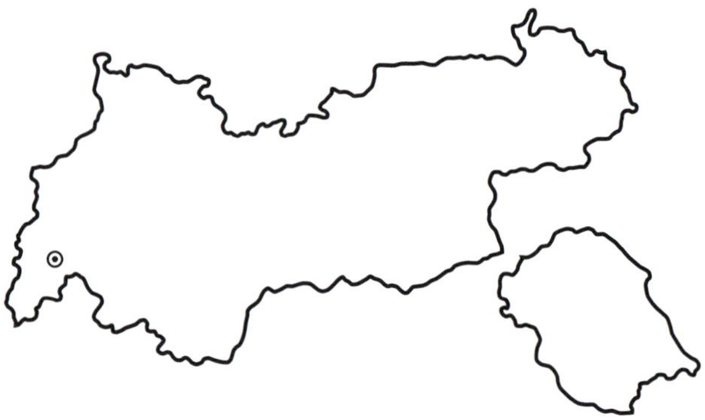

Hotel Tirol
Dorfstraße 77
A-6561 Ischgl
Tel.: +43 (0) 54 44/52 16
E-Mail: hotel@tirol-ischgl.at
www.tirol-ischgl.at

Manfred Aloys' Arbeits- und Lebensraum lässt den einen oder anderen schon mal vor Neid erblassen: Bergpanorama vor der Türe, zur Wellnessoase sind es nur ein paar Schritte und auf der Sonnenterrasse herrscht Winter wie Sommer Dolce-Vita-Feeling. Wer im 4-Sterne-Hotel „Tirol" nicht sofort in den Wohlfühl-Modus verfällt, dem ist wahrlich nicht mehr zu helfen. In dem seit Jahren in Familienbesitz befindlichen Ischgler Hideaway, wo klassisch-tirolerische Stilelemente elegant mit kleinen, feinen Designerstücken aufgepeppt wurden, lautet das Motto: Tradition spüren, modern genießen – und das mit allen Sinnen. Den Gästen genau diese Erfahrung zu bieten, daran arbeitet die gesamte Familie Aloys unermüdlich: mit perfektem Service und kreativen Spitzengerichten aus Manfred Aloys' Küche.

JAMESON
Tullamore Dew
CAMPARI

TAFELSPITZ VOM PAZNAUNER MILCHKALB

im Gemüse-Spargel-Fond mit Krenschaum

FÜR 4 PERSONEN:

TAFELSPITZ:
500 g Tafelspitz
Dijon-Senf, Salz
Pfeffer aus der Mühle
etwas Butter

GEMÜSE-SPARGEL-FOND:
8 Stk. weißer Stangenspargel
3 Karotten
3 gelbe Karotten
1 Kohlrabi
1 l Kalbsfond
8 Jungkartoffeln mit Schale
Weißbrot, Kümmel, Zucker
Salz

KRENSCHAUM:
250 ml Kalbsfond
200 ml Sahne
1 frischer Kren
50 g Crème fraîche
Salz, Pfeffer, Muskatnuss

ANRICHTEN:
Blüten, frische Kräuter
Meersalzflocken

TAFELSPITZ: Kalbstafelspitz parieren. Mit Dijon-Senf einstreichen, salzen und pfeffern. Kurz in einer Pfanne mit Butter anschwenken und bei 110 °C etwa 12 Minuten in den Ofen geben. Einige Minuten rasten lassen.

GEMÜSE-SPARGEL-FOND: Das Gemüse schälen. Vom Spargel am unteren Ende etwa 2 Zentimeter abschneiden. Danach mit etwas Salz, Zucker und Weißbrot bissfest garen. Karotten, gelbe Karotten und Kohlrabi in Form bringen und im Kalbsfond ebenfalls bissfest kochen. Die Jungkartoffeln halbieren und in Salzwasser mit wenig Kümmel kochen. Vor dem Anrichten den Spargel in gewünschte Stückchen schneiden und alles zusammen im Kalbsfond erwärmen.

KRENSCHAUM: Kalbsfond und Sahne mit ein wenig geriebenem Kren auf die Hälfte einreduzieren. Würzen, mixen und durch ein feines Sieb passieren. Vor dem Anrichten mit Crème fraîche aufschäumen.

ANRICHTEN: Den Fond mit dem Gemüse und den Kartoffeln in einem tiefen Teller anrichten. Je 2 bis 3 Tranchen vom Kalbstafelspitz dazugeben und mit Meersalzflocken leicht bestreuen. Mit Krenschaum überziehen, etwas frischen Kren darüberreiben und mit Blüten sowie Kräutern ausgarnieren.

PROFITIPP:

« **Verwenden Sie nur frischen Spargel. Sollte gerade keine Spargelzeit sein, können Sie fast jedes andere Gemüse verwenden.**
Manfred Aloys, Küchenchef

WEINEMPFEHLUNG:

2010 GRÜNER VELTLINER ZISTL
WEINGUT ALPHART
TRAISKIRCHEN/NIEDERÖSTERREICH
In der Nase klare, helle und animierende Frucht, am Gaumen finessenreich und mineralisch.
www.alphart.com

SCHWIERIGKEITSGRAD: MITTEL | **ZUBEREITUNGSZEIT:** 1 STUNDE

ZANDERFILET
mit Polsterzipfel und Kürbis

FÜR 4 PERSONEN:

ZANDERFILET:
4 Zanderfilets à 150 g
1 EL Olivenöl
1 Knoblauchzehe
Salz, Pfeffer, Thymian
Rosmarin, etwas Butter

WEISSWEIN-RAHMSAUCE:
200 ml Fischfond
100 ml Sahne
50 ml Weißwein
1 Zwiebel
Worcester-Sauce, Olivenöl
Salz, Pfeffer

POLSTERZIPFEL:
500 g mehlige Kartoffeln
100 g griffiges Mehl
25 g Butter
1 Eigelb
Salz, Pfeffer, Muskatnuss, Öl

POLSTERZIPFEL-FÜLLE:
30 g Fenchel
30 g klein geschnittenes Kraut
15 g gewürfelte Zwiebeln
3 rote Paprika
50 ml Gemüsefond
20 g Topfen

KÜRBIS:
200 g geschälter Kürbis
20 g Zwiebeln
30 ml Gemüsefond
10 ml Sahne
Salz, Pfeffer, Ingwer
Knoblauch, Zitronensaft

ZANDERFILET: Zanderfilet von Gräten und Schuppen befreien und die Haut leicht mit einem scharfen Messer einritzen. Salzen und pfeffern. Auf der Hautseite in der Pfanne mit Olivenöl, Thymian, Rosmarin und Knoblauch kross anbraten. Kurz vor dem Servieren in Butter schwenken.

WEISSWEIN-RAHMSAUCE: Zwiebel kleinwürfelig schneiden, in Öl anschwitzen und mit Weißwein ablöschen. Mit Fischfond und Sahne aufgießen und einreduzieren lassen, bis die gewünschte Konsistenz erreicht ist. Salzen und pfeffern, einen Schuss Worcester-Sauce zugeben, mixen und durch ein feines Sieb passieren.

POLSTERZIPFEL: Kartoffeln kochen, schälen und passieren. Überkühlen lassen. Aus der Kartoffelmasse und Mehl, Butter und Eigelb einen Teig herstellen, ausrollen und in 4 x 4 Zentimeter große Quadrate schneiden. Fülle in der Mitte platzieren und Quadrate zusammenklappen. In Salzwasser kurz aufkochen, abtrocknen und vor dem Servieren in Öl herausbacken.

POLSTERZIPFEL-FÜLLE: Fenchel und Kraut vom Strunk entfernen und klein schneiden. Paprika schälen und ebenfalls in ganz kleine Würfel schneiden. Die Zwiebeln mit dem Fenchel, Kraut und Paprika in Öl mit wenig Fond weich glacieren. Überkühlen lassen und mit Topfen fertigstellen.

KÜRBIS: Den entkernten Kürbis in etwa ein Zentimeter große Würfel scheiden. Zwiebeln in Öl glasig dünsten. Knoblauch, ein wenig Ingwer und Kürbis kurz ansautieren und mit Gemüsefond aufgießen. Würzen und 5 Minuten bei kleiner Hitze weich dünsten. Die Sahne dazugeben und auf eine sämige Konsistenz einreduzieren. Mit Zitronensaft abschmecken.

ANRICHTEN: Wie abgebildet anrichten und mit Kresse, Dill und dem Speck-Popcorn garnieren.

PROFITIPP:
« Die Polsterzipfel können Sie in Ruhe vorbereiten. Einfach nach dem Aufkochen auf ein Blech geben und ab in den Tiefkühler. Nicht zu heiß herausbacken!
Manfred Aloys, Küchenchef

WEINEMPFEHLUNG:

2010 SAUVIGNON BLANC HOCHSULZ
WEINGUT WALTER SKOFF
GAMLITZ/SÜDSTEIERMARK
In der Nase fruchtig, sortentypisch, am Gaumen komplex.
www.skofforiginal.com

SCHWIERIGKEITSGRAD: MITTEL | **ZUBEREITUNGSZEIT:** 1 ½ STUNDEN

TIROLER HIMBEER-HAVANNA

mit Parfait vom Tannenzapfenhonig

FÜR 4 PERSONEN:

HIMBEER-HAVANNA:
1 Pck. Filoteig
125 g frische Himbeeren
25 g Butter
10 g Staubzucker
1 Eigelb
100 g Topfen
1 Eiweiß
15 g Kristallzucker
15 g Vanillepudding-Pulver
40 g Sauerrahm
½ Zitrone
1 EL Rum
etwas Salz, Vanille
ein Ei zum Bestreichen

TANNENZAPFENHONIG-PARFAIT:
3 Eier
3 Eigelb
80 g Zucker
500 ml Sahne
70 g Tannenzapfenhonig
Salz, Vanille

DEKORATION:
verschiedene frische Beeren, Minze, Hippen, Schokoladestücke, Pistazien, Staubzucker

HIMBEER-HAVANNA: Erwärmte Butter mit Staubzucker, Salz, Vanille, Zitronenabrieb und Rum schaumig rühren. Eigelb einrühren und den Topfen dazugeben. Sauerrahm und Puddingpulver unter die Masse heben. Eiweiß mit Kristallzucker zu steifem Schnee schlagen und unter die Masse heben. Den Filoteig ausrollen. Einen schmalen Streifen Topfenmasse auftragen, mit Himbeeren belegen und mit Topfenmasse bedecken. Einrollen und mit Ei bestreichen. Im Ofen 17 bis 20 Minuten bei 180 °C backen.

TANNENZAPFENHONIG-PARFAIT: Eier, Eigelb, Zucker, Honig, Salz und Vanille im Wasserbad auf mindestens 75 °C warm schlagen, danach kalt schlagen, bis die Masse ausgekühlt ist. Die Sahne aufschlagen und unter die Masse heben. In Formen oder in eine große Form geben und für mindestens 6 Stunden im Tiefkühler durchfrieren lassen. Das Parfait vor dem Anrichten stürzen oder mit einem Eisportionierer Kugeln formen.

ANRICHTEN: Die Himbeer-Havanna schneiden, mit Staubzucker bestreuen und warm anrichten. Mit den Beeren ausgarnieren. Ganz zum Schluss das Parfait auf eine Hippe geben und mit Schokolade, Minze und Pistazien vollenden.

PROFITIPP:

« **Anstelle von Filoteig kann auch normaler Strudelteig verwendet werden. Sollten keine frischen Himbeeren bei der Hand sein, können zum Füllen auch Tiefkühl-Himbeeren verwendet werden.**
Manfred Aloys, Küchenchef

WEINEMPFEHLUNG:

2007 BEERENAUSLESE
WEINGUT ERNST TRIEBAUMER
RUST/NEUSIEDLER SEE
Feinfruchtiges Bukett und charakteristischer Rosenduft, feinwürzig, sehr ausgewogen in Süße und Säure.
www.triebaumer.com

SCHWIERIGKEITSGRAD: MITTEL | **ZUBEREITUNGSZEIT:** 2 STUNDEN (OHNE RUHEZEIT)

HOTEL
TIROL

CHRISTOPH ZANGERL HAT SICH UM DEN HALBEN ERDBALL GEKOCHT, IM **„INTERALPEN-HOTEL TYROL“** IST DER HAUBENGEKRÖNTE TIROLER AUSNAHMEKOCH WIRKLICH ANGEKOMMEN – UND LIEFERT DORT GANZ GROSSES KULINARISCHES KINO.

ZURÜCK IN DIE ZUKUNFT

Dass man als Sohn eines Küchenchefs ebenfalls den Kochberuf ergreift, ist eigentlich nicht ungewöhnlich. Schon eher ungewöhnlich ist es, wenn man – so wie der mit drei Hauben gekrönte Küchenchef des „Interalpen-Hotels Tyrol“, Christoph Zangerl – nach Stationen in Australien, Deutschland, Frankreich und auf den Bermudas der weiten Welt den Rücken kehrt, um in der Heimat durchzustarten. Und wie kaum ein anderer hat Christoph Zangerl mittlerweile seinen kulinarischen Fußabdruck auf Tirols Landkarte hinterlassen: Mühelos spielt er mit Aromen, Texturen und verschiedensten Stilen, die er geschickt und mit viel Liebe zum Detail zu einem grandiosen Ganzen zusammenfügt: innovativ, aber niemals verkünstelt, regional beeinflusst, aber niemals engstirnig. Eben ganz großes Kino.

ALPINES GENUSSREICH VON WELTFORMAT

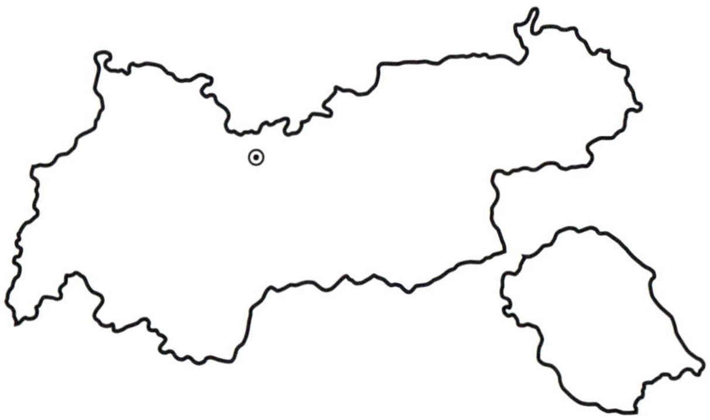

Interalpen-Hotel Tyrol
Dr.-Hans-Liebherr-Alpenstraße 1
A-6410 Telfs-Buchen
Tel.: +43 (0) 50 80 930
E-Mail: reservation@interalpen.com
www.interalpen.com

Das „Interalpen-Hotel Tyrol" erhebt nicht ganz zu Unrecht den Anspruch, weit mehr zu sein als ein Luxushotel. Tatsache ist, dass das auf 1300 Meter Seehöhe am Seefelder Plateau gelegene 5-Sterne-Superior-Hotel inmitten unberührter Natur in gewisser Weise ein hedonistisches Gesamtkunstwerk ist. Hier verschmelzen außergewöhnliche Architektur, alpenländische Behaglichkeit, herzliche Gastfreundschaft und Spitzengastronomie zu einem harmonischen und für die Gäste unvergesslichen Ganzen. Es ist die perfekte Bühne für ein weltoffenes und gleichzeitig wunderbar geerdetes Ausnahmetalent wie Christoph Zangerl. Mit seiner vielfach ausgezeichneten Küche und innovativen Gastronomie-Konzepten wie dem „Chef's Table" zeigt der Chef de Cuisine hier, was es heißt, ein Koch von Welt zu sein.

CARPACCIO VOM EISMEERSAIBLING

FÜR 4 PERSONEN:

CARPACCIO:
2 Saiblingsfilets à 300 g
10 g Kressesamen
Meersalz, Olivenöl

KRESSE-VINAIGRETTE:
1 Schale Borretschkresse
½ Schale Gartenkresse
2 gewürfelte Schalotten
100 g Rhabarber
60 g gewürfelter Kalbskopf
50 g Olivenöl
½ Zitrone
Kerbel, Estragon,
Salz, Pfeffer
Butter, Zucker

GURKENSALAT:
½ Freilandgurke
100 ml Gurkensaft (aus den Resten der Freilandgurke)
30 ml Ginger Ale
Xantana, Cayennepfeffer,
Ingwer, Limette, Salz,
Zucker, Öl

CHAMPAGNER-GELEE:
300 ml Champagner
3 Blatt Gelatine
1,5 g Agar-Agar

CARPACCIO: Ein Saiblingsfilet entgräten, von der Haut abziehen, der Länge nach einschneiden und aufklappen. Auf ein mit Olivenöl benetztes Backpapier legen, salzen und den oberen Teil des Backpapiers darüberlegen. Mit einem Plattiereisen etwa 3 Millimeter dünn ausklopfen. In Rechtecke von 15 x 5 Zentimetern zuschneiden. Das zweite Filet in Würfel schneiden, auf einen mit Olivenöl bepinselten Teller geben, mit Meersalz würzen, mit Frischhaltefolie abdecken und im Ofen bei 100 °C für 7 Minuten glasig garen. Kressesamen quellen lassen und salzen.

KRESSE-VINAIGRETTE: Schalotten, geschälten Rhabarber und Kalbskopf fein würfeln. Schalotten und Rhabarber in einer Pfanne mit Butter glasig dünsten und abkühlen lassen. Aus Olivenöl und Zitronensaft eine Marinade herstellen und mit gehackten Kräutern, Kalbskopf, Rhabarber, Schalotten und Kressesamen vermengen. Mit Salz, Pfeffer und einer Prise Zucker würzen.

GURKENSALAT: Gurke schälen und an einer Aufschnittmaschine der Länge nach in ein Millimeter dünne Scheiben schneiden. Dabei nur bis zum Kerngehäuse schneiden. Gurke drehen und den Vorgang wiederholen. Die Gurkenscheiben mit Olivenöl und Salz würzen und zu Schlaufen eindrehen. Den Rest der Gurke entsaften und mit Ginger Ale, Ingwerabrieb, Limettenschale, Salz, Zucker und Cayennepfeffer würzen. Das Xantana einmixen und durch ein feines Sieb passieren.

CHAMPAGNER-GELEE: Champagner mit Agar-Agar verrühren und aufkochen. Wenn der Champagner etwas abkühlt, die Gelatine einrühren, auf ein mit Frischhaltefolie ausgelegtes Backblech gießen und kalt stellen. Anschließend in Rechtecke von 17 x 7 Zentimetern schneiden.

PROFITIPP:

« Den Saibling am besten am Vortag frisch kaufen und filetiert 24 Stunden im Kühlschrank lagern. So lösen sich die Gräten leichter und man verletzt das Fleisch nicht durch zu festes Ziehen an der Gräte.

Christoph Zangerl, Küchenchef

WEINEMPFEHLUNG:

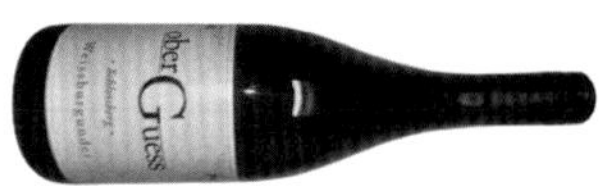

2010 WEISSBURGUNDER SCHLOSSBERG
WEINGUT OBERGUESS
LEUTSCHACH/STEIERMARK

Feines Heu-Aroma, leicht würzig-nussig in der Nase, mineralisch am Gaumen, gut integrierte Säure.
www.oberguess.com

SCHWIERIGKEITSGRAD: LEICHT | **ZUBEREITUNGSZEIT:** 30 MINUTEN

ZANDER MIT FLUSSKREBSEN
mit jungen Erbsen und Pommes Soufflés

FÜR 4 PERSONEN:

ZANDER:
400 g Bodenseezander
Olivenöl, Meersalz

FLUSSKREBSE:
4 Flusskrebse
Kümmel, ganz
Dill, Meersalz

ERBSEN:
200 g frische Erbsen
Olivenöl, Limettenabrieb
frischer geschälter Ingwer
Salz, etwas Butter

POMMES SOUFFLÉS:
1 mehliger Ofenkartoffel
400 g Butterschmalz
Meersalz

KALBSKOPF:
150 g gepresster Kalbskopf

ZANDER: Den entgräteten und filetierten Zander von der Haut lösen, die Haut auf geöltes Backpapier geben, mit einem zweiten Backpapier bedecken und zwischen zwei Blechen im Ofen bei 150 °C etwa 10 Minuten knusprig backen. Den Zander auf einen mit Olivenöl benetzten Teller geben, mit Meersalz würzen, einer Folie abdecken und im Ofen bei 100 °C etwa 15 Minuten glasig garen.

FLUSSKREBSE: Einen Liter Wasser mit Meersalz, Kümmel und Dill aufkochen. Die Flusskrebse etwa 2 Minuten kochen, in Eiswasser abschrecken und ausbrechen.

ERBSEN: Die Hälfte der Erbsen mit flüssiger Butter und Olivenöl mixen, mit Salz, Limettenschale und Ingwerabrieb abschmecken und zur Creme passieren. Die restlichen Erbsen in Butter glacieren und beiseitelegen.

POMMES SOUFFLÉS: Kartoffel schälen, in 3 Millimeter dicke Scheiben schneiden und mit einer Ringform (etwa 4 Zentimeter Durchmesser) ausstechen. Die Hälfte des Butterschmalzes auf 110 °C erhitzen und die Kartoffelscheiben etwa 10 Minuten darin blanchieren. Das restliche Butterschmalz auf 160 °C erhitzen und die vorblanchierten Kartoffelscheiben darin knusprig backen. Mit Meersalz würzen.

KALBSKOPF: Kalbskopf in Würfel von etwa 2 x 2 Zentimetern schneiden und glacieren.

ANRICHTEN: Zander, Krebse und Kalbskopfwürfel wie abgebildet anrichten und mit glacierten Erbsen garnieren.

PROFITIPP:

« **Die Pommes Soufflés müssen während des Blanchierens schon Blasen bilden. Erst dann werden sie auch zu schönen Polstern.**
Christoph Zangerl, Küchenchef

WEINEMPFEHLUNG:

2007 LAISSEZ FAIRE
CHRISTIAN TSCHIDA
ILLMITZ/NEUSIEDLERSEE
Weißwein-Cuvée mit toller Länge und Struktur, Duft nach Orangenschalen und Lindenblüten.
www.tschidaillmitz.at

SCHWIERIGKEITSGRAD: MITTEL | **ZUBEREITUNGSZEIT:** 45 MINUTEN

FALSCHER RHABARBER
mit Karamell-Ganache und Himbeeren

FÜR 4 PERSONEN:

RHABARBERSORBET:
150 ml Apfelsaft
100 g Himbeermark
400 g Rhabarber
Zucker, Zitronensaft

SAUERRAHM-MOUSSE:
40 g Sahne
50 g Sauerrahm
1 Blatt Gelatine
15 g Staubzucker
Vanille, Zitronenschale

FALSCHER RHABARBER:
1 Rhabarber
50 ml Apfelsaft
20 g Himbeermark

KARAMELL-GANACHE:
100 ml Milch
100 ml Sahne
2 Eigelb
100 g Karamellschokolade
2 Blatt Gelatine

CRÈME BRULÉE:
60 ml Sahne
20 ml Milch
15 g Zucker
1 Eigelb

MINZPESTO:
15 ml Wasser
15 g Zucker
150 g Minze
20 ml Minzlikör
15 g gemahlene Mandeln

RHABARBERSORBET: Apfelsaft und Himbeermark mit dem Rhabarber verkochen und pürieren. Mit Zucker und Zitronensaft abschmecken und in der Eismaschine frieren.

SAUERRAHM-MOUSSE: Gelatine einweichen, Sauerrahm leicht erwärmen und die Gelatine darin auflösen. Mit Mark von der Vanilleschote, Zitronenabrieb und Staubzucker abschmecken und die halb geschlagene Sahne unterheben. In einen Spritzbeutel füllen und gelieren lassen.

FALSCHER RHABARBER: Rhabarber in 10 Zentimeter lange Stücke schneiden und die Fäden ziehen. Der Länge nach in ein Millimeter dünne Scheiben schneiden und mit Apfelsaft und Himbeermark vakuumieren. Im Wasserbad bei 65 °C für 20 Minuten ziehen lassen. Je 2 Scheiben des Rhabarbers nebeneinander in eine Form legen, die Sauerrahm-Mousse einspritzen. Umschlagen und nochmals kalt stellen.

KARAMELL-GANACHE: Milch und Sahne aufkochen. Eigelb schaumig schlagen und Sahne und Milch eingießen, zur Rose abziehen und über die Karamellschokolade gießen. Gelatine einweichen, in der Karamellmasse auflösen und in eine Form gießen. Die Masse sollte eine Höhe von etwa einem Zentimeter haben. Kalt stellen.

CRÈME BRULÉE: Sahne mit Milch aufkochen. Zucker und Eigelb schaumig schlagen und das Sahne-Milch-Gemisch eingießen. Zur Rose abziehen und bei 85 °C etwa 20 Minuten bei Dampf stocken lassen. Erkalten lassen, glatt rühren und in Hohlkugeln abfüllen.

MINZPESTO: Wasser mit Zucker aufkochen und kalt stellen. Minze mit Minzlikör, den gemahlenen Mandeln und dem Zuckerwasser fein mixen. Mit Tafelöl emulgieren.

PROFITIPP:

« Für jegliches Pesto sollten Sie die jeweiligen Kräuter vor dem Mixen einfrieren. So bleibt Ihr Pesto auch schön grün.

Christoph Zangerl, Küchenchef

WEINEMPFEHLUNG:

2009 ROTER EISWEIN MERLOT
JOHANNESHOF REINISCH
TATTENDORF/THERMENREGION
Vielschichtiger Prädikatswein, geprägt von dunklen Dörrfrüchten und Waldbeeren, schönes Süße-Säure-Spiel, leicht stoffig vom Tannin, suggeriert Kraft und Dichte.
www.j-r.at

SCHWIERIGKEITSGRAD: MITTEL | **ZUBEREITUNGSZEIT:** 1 ½ STUNDEN

NUR DER BERGGIPFEL DES WILDEN KAISERS IST NOCH HÖHER ALS DIE ERFOLGSLEITER, AUF DER **GÜNTER LAMPERT** IM **„KAISERHOF ELLMAU“** IN IMMER NEUE KULINARISCHE HÖHEN VORDRINGT.

TIROLS NEUER KAISER

Es ist ein sagenumwobener Berg, auf den Günter Lampert jeden Tag blickt, und vielleicht ist es auch dieser inspirierenden Umgebung zu verdanken, dass der 2011 zum „Koch des Jahres“ gekürte und mit zwei Gault-Millau-Hauben geadelte Tiroler eine dermaßen sagenhafte Kreativküche mit regionalen und mediterranen Akzenten zelebriert. Gewiss ist jedenfalls, dass Lampert sich mit der Kombination aus hoher Kochkunst, einem erfrischend unaufdringlichen Quäntchen Mut zur Neuinterpretation und dem klaren Bekenntnis zu regionalen und internationalen Top-Produkten seit Jahren in immer neue Gourmetsphären kocht. Und wer den ehrgeizigen Hausherrn, passionierten Golfer und und leidenschaftlichen Küchenchef kennt, der weiß: Sein kulinarischer Gipfelsturm ist noch lange nicht vollendet.

HOCHGENUSS MIT KAISERLICHEM AUSBLICK

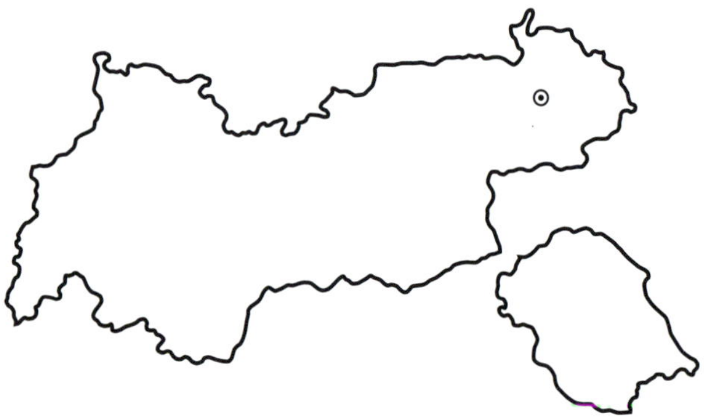

Kaiserhof Ellmau
Harmstätt 8
A-6352 Ellmau
Tel.: +43 (0) 53 58/20 22
E-Mail: info@kaiserhof-ellmau.com
www.kaiserhof-ellmau.com

An diesem Ort ist es einfach unmöglich, sich nicht verzaubern zu lassen, denn es sind wahrlich einzigartige Genussmomente, die den Gästen des 5-Sterne-Hotels „Kaiserhof" hoch über Ellmau geboten werden. Da wäre einmal der einzigartige und absolut atemberaubende Blick auf den Wilden Kaiser. Da wären die Herzlichkeit, Professionalität und Gastfreundschaft, mit der Hausherrin Bianca Lampert Winter wie Sommer Erholungssuchende mit Sinn für das Besondere im unaufdringlich eleganten Ambiente des Hauses empfängt. Und da wäre nicht zuletzt die über die Landesgrenzen hinaus bekannte Küche von Günter Lampert, der gemeinsam mit seiner Familie und einem jungen, kreativen Küchenteam dafür sorgt, dass man nach einem Besuch hier eigentlich nicht mehr auf den Boden der Tatsachen zurückwill.

LYNCH • BAGES
MILLE ROSES
CUVÉE

SEESAIBLINGSFILET IM CIABATTA-MANTEL
mit Zucchini-Tomaten-Confit

FÜR 4 PERSONEN:

SEESAIBLINGSFILET:
400 g Seesaiblingsfilet
1 Zitrone
Ciabatta-Brot
Meersalz, Olivenöl

ZUCCHINI-TOMATEN-CONFIT:
1 kleine Zucchini
2 reife Tomaten
Olivenöl
Meersalz
Pfeffer

ANRICHTEN:
Thymianzweige

SEESAIBLINGSFILET: Die enthäuteten und grätenfreien Seesaiblingfilets mit Zitronensaft und etwas Meersalz würzen. Das Ciabatta in ganz dünne Scheiben schneiden, die Ciabatta-Brotscheiben um die Saiblingsfilets wickeln und in einer beschichteten Pfanne mit etwas Olivenöl bei nicht zu großer Hitze goldgelb braten.

ZUCCHINI-TOMATEN-CONFIT: Die Zucchini in kleine Würfel schneiden. Die Tomaten entkernen, würfelig schneiden und mit den Zucchiniwürfeln in einer Pfanne erhitzen. Etwas Olivenöl und frischen Thymian beimengen und mit Meersalz und Pfeffer würzen.

ANRICHTEN: Das Saiblingsfilet mit dem Zucchini-Tomaten-Confit auf einem länglichen, vorgewärmten Teller anrichten und mit Thymian garnieren.

PROFITIPP:

« **Ist das Ciabatta-Brot nicht ganz frisch, lässt es sich mit der Aufschnittmaschine besser in dünne Scheiben schneiden.**
Günter Lampert, Küchenchef

WEINEMPFEHLUNG:

2011 SAUVIGNON BLANC
WEISSER KAISER
WEINGUT WIPPEL
RIEGERSBURG/STEIERMARK
Saftige, ausgesprochen sortentypische Nase nach Hollerblüten und Stachelbeeren. Schöner Biss, animierend, gute Länge.
www.weinhof-wippel.at

SCHWIERIGKEITSGRAD: LEICHT | **ZUBEREITUNGSZEIT:** 20 MINUTEN

KALBSRÜCKENROULADE

mit Serrano-Schinken, Spargelspitzen und Parmesanrisotto

FÜR 4 PERSONEN:

KALBSRÜCKENROULADE:
4 Kalbsrückenschnitzel à 120g
4 Scheiben Serrano-Schinken
400 g weißer Spargel
3 EL geriebener Parmesan
3 EL Semmelbrösel
kleiner Bund Petersilie
Salz, weißer Pfeffer
Basilikum

PARMESANRISOTTO:
1 Tasse Risottoreis
250 ml Hühnerbrühe
trockener Weißwein
3 EL Parmesan
2 Schalotten
Salz, Pfeffer

ANRICHTEN:
Rosmarin
Balsamicolack
oder etwas Naturjus

KALBSRÜCKENROULADE: Kalbsrückenschnitzel dünn plattieren und leicht salzen und pfeffern. Den Spargel schälen und in leicht gesalzenem Wasser nicht zu weich kochen. Mit kaltem Wasser abschrecken und abtropfen lassen. Die Spitzen als Garnitur verwenden, den restlichen Spargel für die Füllung fein schneiden und mit den Bröseln, der fein geschnittenen Petersilie und dem Parmesan vermengen. Dann mit Salz und Pfeffer würzen. Die Basilikumblätter und die Füllung auf das Fleisch legen und mit den Serrano-Schinkenscheiben gleichmäßig einrollen. In einer Pfanne auf allen Seiten kurz braten und dann im vorgeheizten Backofen bei etwa 170 °C für 5 bis 6 Minuten braten.

PARMESANRISOTTO: Die fein geschnittenen Schalotten mit etwas Olivenöl in einem Topf anschwitzen. Risottoreis dazugeben, kurz mit anschwitzen und mit der Brühe und etwas Weißwein aufgießen. Leicht kochen lassen und immer wieder umrühren, bei Bedarf Flüssigkeit beimengen. Mit Salz und Pfeffer würzen und kurz vor dem Anrichten den Parmesan hinzufügen.

ANRICHTEN: Die Rouladen halbieren und mit einem Löffel Risotto auf einem vorgewärmten Teller anrichten. Die Spargelspitzen entsprechend platzieren und mit Rosmarin und Balsamicolack oder Naturjus vollenden.

PROFITIPP:

« **Für dieses Gericht eignet sich auch Rindfleisch anstelle von Kalbfleisch hervorragend.**
Günter Lampert, Küchenchef

WEINEMPFEHLUNG:

2009 CUVÉE SCHWARZER KAISER
WEINGUT WEBER
LUTZMANNSBURG/BURGENLAND
Feine, tiefe Eleganz mit deutlichen Cassisnoten, süßem Tabak und Nougatanklängen. Sehr kraftvoll.
www.weingut-fam-weber.at

SCHWIERIGKEITSGRAD: MITTEL | **ZUBEREITUNGSZEIT:** 45 MINUTEN

ERDBEER-LASAGNE
mit Cointreau-Sabayon

FÜR 4 PERSONEN:

RAHMDALKEN:
125 g Sauerrahm
100 g Mehl 700
3 Eigelb
3 Eiweiß
50 g Zucker
1 Prise Vanillezucker

ERDBEERCREME:
250 g reife Erdbeeren
250 g Topfen, 20 % Fett
1 Zitrone
Staubzucker
etwas Cointreau
etwas frische Minze

COINTREAU-SABAYON:
Cointreau
2 Eigelb
60 ml trockener Weißwein
etwas Zucker

ANRICHTEN:
frische Früchte, Minzblätter

RAHMDALKEN: Sauerrahm mit Eigelb und Vanillezucker glatt rühren, dann das Mehl beimengen. Eiweiß aufschlagen, den Zucker nach halber Zeit dazugeben und fertig schlagen. Die Rahmdalkenmasse in einer beschichteten Pfanne mit wenig Fett goldgelb zu kleinen Plätzchen ausbacken.

ERDBEERCREME: Den Topfen mit Zitronensaft und Staubzucker glatt rühren. Die gewaschenen Erdbeeren in kleine Würfel schneiden und mit etwas Cointreau marinieren. Einige wenige Erdbeeren beiseite- legen und in Scheiben schneiden. Alle Zutaten gut verrühren und eventuell etwas frische Minze beimengen.

COINTREAU-SABAYON: Eigelb mit etwas Zucker, Weißwein und Cointreau über Dampf aufschlagen.

ANRICHTEN: Die Rahmdalken mit Erdbeercreme und Erdbeerscheiben zu einem Türmchen aufschichten. Die Cointreau-Sabayon seitlich vom Türmchen platzieren und mit frischen Früchten und Minze garnieren.

PROFITIPP:
« **Anstelle von Erdbeeren können auch andere frische Beerenfrüchte der Saison verwendet werden.**
Günter Lampert, Küchenchef

WEINEMPFEHLUNG:

1999 AUSBRUCH SÜSSER KAISER
WEINGUT LEIDL
PURBACH/NEUSIEDLER SEE
Cremig, expressive Duftfülle nach Orangenmarmelade und Akazienhonig. Sehr elegant, wunderbar eingebundene Säure, lang anhaltender Abgang.
www.leidl-putz.at

SCHWIERIGKEITSGRAD: LEICHT | **ZUBEREITUNGSZEIT:** 20 MINUTEN

WAS LANGE WÄHRT, IST EINFACH WELTKLASSE – UND FINE-DINING-SUPERSTAR **MARTIN SIEBERER** LIEFERT IN DER **„PAZNAUNER STUBE“** DEN ULTIMATIVEN BEWEIS DAFÜR.

MEISTER SIEBERERS MISSION

Martin Sieberer hätte guten Grund, abzuheben, denn über den Tiroler Spitzenkoch ergießt sich seit Jahren ein schier niemals enden wollender Strom an kulinarischem Lob. Aber Sieberer hat die Bodenständigkeit für sich gepachtet, und auch wenn es ungewöhnlich klingt: Es ist diese besondere Art der Erdung, gepaart mit einem ausgeprägten Gespür für perfekte Aromenspiele und modernem Handwerk, die ihn auch nach 15 Jahren im „Trofana Royal“ zu immer neuen kulinarischen Höchstleistungen treibt. Des Meisters Mantra: Nur wer die Füße am Boden hat, kann sich darauf konzentrieren, die Gedanken fliegen zu lassen. Der wesentlichste Gedanke, der Sieberers preisgekrönten Kreationen zugrunde liegt: weg von Food-Pairing-Räuschen, hin zu raffinierter Simplizität. Was für eine wunderbare Mission.

ISCHGL.com
TROFANA ROYAL
SUPERIOR

KEIMZELLE DES GENUSSPRINZIPS

Paznauner Stube
Hotel Trofana Royal
Dorfstraße 95, A-6561 Ischgl
Tel.: +43 (0) 54 44/600
E-Mail: office@trofana.at
www.trofana-royal.at

Inmitten der wohl pulsierendsten Partymeile der Alpen gibt es einen Ort, für den es nur ein Wort gibt: Luxus-Ruhepol. Sobald sich nämlich die Türen des 5-Sterne-Hotels „Trofana Royal" hinter einem schließen und dem Gast die verführerischsten Düfte aus Martin Sieberers 3-Hauben-Küche um die Nase wehen, haben dröhnende Bässe und Motoren Pause. Dann ist man mitten in einer der genussreichsten Komfortzonen des Paznauntals gelandet. Hier lässt es sich fürstlich residieren und natürlich auch dementsprechend fürstlich dinieren. Und weil überall da, wo Martin Sieberer seine Handschrift hinterlässt, das Beste gerade gut genug ist, wird das kulinarische Rundum-Wohlfühlpaket in dieser einzigartigen Genuss-Enklave mit einem Weinsortiment aus über 25.000 der edelsten Tropfen der Welt abgerundet.

GÄNSELEBERTERRINE
mit Apfel und Schafsmilchjoghurt

FÜR 4 PERSONEN:

GÄNSELEBERTERRINE:
1 kg Gänseleber
4 cl weißer Portwein
4 cl Cognac
6 g Pökelsalz
6 g Kochsalz
1 EL Apfelsaftreduktion
1 TL Lebkuchengewürz

GÄNSELEBERMOUSSE:
150 ml Sahne, flüssig
300 g Gänsestopfleberterrine
170 g geschlagene Sahne
3½ Blatt Gelatine
Salz, Pfeffer, gehackter Trüffel

SELLERIEKUCHEN:
140 g geriebener Sellerie
65 g Zucker
40 g flüssige Butter
70 g Mehl
85 g geriebene Walnüsse
3 Eier, 25 g Zucker
Backpulver
Zitronenzeste

APFELGELEE:
200 ml Granny-Smith-Saft
Saft von 1 Zitrone
2½ Blatt Gelatine
2 cl Holunderblütensirup

SCHAFSJOGHURT-GELEE:
110 g Schafsjoghurt
80 ml Buttermilch
20 ml Sahne
1½ Blatt Gelatine

GÄNSELEBERTERRINE: Portwein und Cognac reduzieren. Gänseleber enthäuten, Adern entfernen, die Abschnitte durch ein feines Sieb passieren und mit der Reduktion und den Gewürzen marinieren. 24 Stunden durchziehen lassen und in kleine Terrineformen abfüllen. Die Leber sollte ein Drittel über den Rand gehen. Die Masse im Dampfgarer 20 Minuten bei 66 °C dampfpochieren und gepresst kalt stellen.

GÄNSELEBERMOUSSE: Sahne erwärmen, mit Salz und Pfeffer würzen, Gänseleberterrine würfeln und mit einem Mixer in die erwärmte Sahne einrühren. Danach kalt stellen. Die Gelatine auflösen und unterheben, eventuell mit etwas gehacktem Trüffel abschmecken und die geschlagene Sahne unterheben.

SELLERIEKUCHEN: Eier mit Zucker warm und kalt schlagen. Die restlichen Zutaten, eine Messerspitze Backpulver und etwas geriebene Zitronenzeste vermengen und unter die Eiermasse rühren. Die Masse ein Zentimeter dick auf ein mit Backpapier ausgelegtes Backblech streichen und bei 180 °C etwa 12 Minuten backen.

APFELGELEE: Die Gelatine einweichen und auflösen, dann mit den restlichen Zutaten verrühren.

SCHAFSJOGHURT-GELEE: Die Gelatineblätter einweichen und auflösen, mit den restlichen Zutaten vermengen und abschmecken.

ANRICHTEN: Eine Auflaufform mit Klarsichtfolie auslegen, den Boden mit Selleriekuchen belegen und fingerdick die Terrine auftragen. Die Hälfte der Mousse auftragen, kurz kalt stellen. Das Joghurtgelee wenige Millimeter dick auftragen und kalt stellen. Dann die restliche Mousse auftragen, kalt stellen und zum Schluss das Apfelgelee darübergießen. Alles durchkühlen lassen und in Tranchen geschnitten servieren.

PROFITIPP:
« **Am besten schmeckt der Selleriekuchen nach 2 bis 3 Tagen, da er in dieser Zeit wieder etwas Feuchtigkeit anzieht.**
Martin Sieberer, Küchenchef

WEINEMPFEHLUNG:

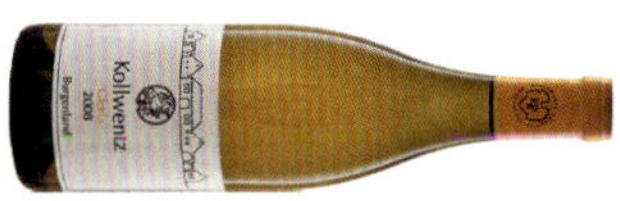

2008 GLORIA
WEINGUT ANTON KOLLWENTZ
GROSSHÖFLEIN/NEUSIEDLER SEE
Durch seine Mineralität und die reifen Burgunderäpfel ist dieser Wein eine wunderbare Ergänzung zu meinem Gericht mit Apfel und Joghurt.
www.kollwentz.at

SCHWIERIGKEITSGRAD: SCHWER | **ZUBEREITUNGSZEIT:** 2½ STUNDEN

TAUBE
mit Erbsen und schwarzem Walnussrisotto

FÜR 4 PERSONEN:

TAUBE:
4 Tauben
10 g Butter
Meersalz, Pfeffer, Thymian

GEFLÜGELJUS:
20 g Entenfett
1 TL Zucker
1 Orange, in Scheiben
6 cl Orangensaft
250 ml Rotwein
2 l brauner Geflügelfond, abgeliert
1 EL Stärke
1 Handvoll Röstgemüse (Karotten, Lauch, Sellerie, Zwiebeln)
Meersalz, Pfeffer

WALNUSSRISOTTO:
20 ml Walnussöl
1 Schalotte
1 Schuss Weißwein
250 g schwarzer Reis
100 g Walnusskerne
20 g Butter
2 EL QimiQ
100 g Kadaffitteig
250 g Butterschmalz
100 g Erbsen
Geflügelfond, Meersalz
Pfeffer, Knoblauch, Parmesan
Butterflocken

TAUBE: Brüste und Keulen mit den Knochen von den Tauben lösen und sauber zuputzen. Die Taubenbrüste mit etwas Pfeffer, Meersalz und gehacktem Thymian würzen, auf der Hautseite in Butter kurz scharf anbraten, dann rosa braten und zum Rasten warm stellen.

GEFLÜGELJUS: Röstgemüse mit den Orangenscheiben in Entenfett goldgelb anrösten. Mit dem Zucker karamellisieren, mit Rotwein und Orangensaft ablöschen und reduzieren lassen. Mit dem Geflügeljus aufgießen, mit Meersalz und Pfeffer würzen, aufkochen lassen und eine halbe Stunde lang köcheln lassen. Währenddessen mehrmals den Schaum und das Fett abschöpfen, danach den Jus durch ein Sieb passieren, etwas Stärke mit Rotwein anrühren und den Jus leicht abbinden.

WALNUSSRISOTTO: Die gehackte Schalotte in Walnussöl anglacieren, den Risottoreis dazugeben, kurz mitglacieren und mit einem Schuss Weißwein ablöschen. Mit derselben Menge Geflügelfond wie Reis aufgießen und bei kleiner Flamme so lange dünsten, bis der Reis die Flüssigkeit vollkommen aufgenommen hat. Mit Meersalz, Pfeffer und etwas Knoblauch würzen. Ist die Flüssigkeit vollständig aufgenommen, das Risotto beseitestellen und auskühlen lassen. 4 Esslöffel Risotto etwas stärker einkochen und in kaltem Zustand zu einem kleinen Knödel formen, diesen in feine Streifen geschnittenem Kadaffitteig wälzen und in Butterschmalz herausbacken. Walnusskerne in der aufgeschäumten Butter kurz anrösten. Geflügelfond mit QimiQ erwärmen, den ausgekühlten Reis dazugeben und unter ständigem Rühren Butterflocken, Parmesan und die gerösteten Walnusskerne in den Risotto einrühren. Erbsen kochen und in Butter schwenken.

ANRICHTEN: Taubenbrüste nochmals in einer Pfanne mit Butter erhitzen und mit Risottoreis, gehacktem Reis und Erbsen anrichten. Mit Geflügeljus anrichten.

PROFITIPP:
« **Statt schwarzen Reises kann man auch einen herkömmlichen Risottoreis verwenden und den Kadaffitteig ganz kurz und heiß herausbacken. So bekommt er die schönste Farbe und ist ganz knusprig.**
Martin Sieberer, Küchenchef

WEINEMPFEHLUNG:

2006 CUVÉE KERSCHBAUM
WEINGUT PAUL KERSCHBAUM
HORITSCHON/BURGENLAND
Dieser Wein ist momentan perfekt trinkreif. Die süße Frucht ist die perfekte Ergänzung zur Taube.
www.kerschbaum.at

SCHWIERIGKEITSGRAD: LEICHT | **ZUBEREITUNGSZEIT:** 1 STUNDE

ERDBEER-RHABARBER-TORTE
mit Eis und Schokokugeln

FÜR 4 PERSONEN:

MÜRBTEIG:
200 g Mehl
160 g Butter
60 g Staubzucker
1 Ei, 1 EL Milch

BISKUIT:
85 g Zucker
3 Eigelb
3 Eiweiß
60 g Mehl

ERDBEER-RHABARBER-CREME:
20 g Erdbeeren
20 g Rhabarber
1 Eigelb
30 g Zucker
2 cl Sekt
50 ml Sahne
2 Blatt Gelatine

ERDBEER-RHABARBER-EIS:
50 g Joghurt
150 g Staubzucker
50 ml Zitronensaft
225 g pürierte Erdbeeren
225 g pürierter Rhabarber
30 ml Grand Marnier
200 g geschlagene Sahne

ERDBEERSAUCE:
200 g Erdbeeren
100 g Zucker
2 cl Grand Marnier

SCHOKOKUGELN:
je 100 g weiße und dunkle Kuvertüre

ERDBEER-RHABARBER-TORTE: Mürbteig und Biskuitteig zubereiten. Für die Erdbeer-Rhabarber-Creme Erdbeeren und Rhabarber waschen, klein schneiden und im Verhältnis 2:1 Obst:Zucker ein Püree kochen, dieses mixen und pürieren. Eigelb und Zucker mit dem Fruchtpüree und Sekt aufschlagen, dann kalt schlagen. Gelatine auflösen und untermischen, dann die Creme in kleine Tortenformen abfüllen. Der Boden besteht aus dem gebackenen Mürbteig, darauf kommt der Biskuitteig, dann mit der Rhabarber-Erdbeer-Creme auffüllen und alles kalt stellen.

ERDBEER-RHABARBER-EIS: Den Staubzucker im Topf schmelzen, ohne dass er Farbe nimmt. Vom Herd nehmen, die pürierten Erdbeeren und den Rhabarber untermengen. Den Zitronensaft und das Joghurt dazugeben, mit Grand Marnier abschmecken, gut durchmixen, durch ein feines Sieb passieren und zuletzt die geschlagene Sahne dazugeben. In Pacojet-Becher abgefüllt einfrieren oder in der Eismaschine ausfrieren.

ERDBEERSAUCE: Die Beeren mit Zucker und Grand Marnier durchkochen und fein passieren, dann kalt stellen.

SCHOKOKUGELN: Die Kuvertüre auf 45 °C erwärmen, auf 27 °C abkühlen und wieder auf 32 °C erwärmen. Bei diesen Temperaturen Hohlkörper (Halbschalen mit 4 Zentimeter Durchmesser) zuerst mit heller und dann mit dunkler Kuvertüre auspinseln, kalt stellen und dann aus der Form klopfen. In beide Halbschalen das fertige Eis einfüllen und zusammenkleben.

ANRICHTEN: Die mit Eis gefüllten Schokoladekugeln auf den Teller setzen – am besten auf die Fruchtsauce, damit die Kugel nicht verrutscht. Die Torte in kleine Stücke schneiden und zur Kugel setzen, alles mit Fruchtsauce garnieren.

PROFITIPP:
« **Als Garnitur eignen sich in Scheiben geschnittene Rhabarberstangen, die mit Staubzucker bestreut eine Stunde getrocknet werden und sich dann beliebig formen lassen.**
Martin Sieberer, Küchenchef

WEINEMPFEHLUNG:

2009 TRAMINER AUSLESE
WEINGUT FEILER ARTINGER
RUST/BURGENLAND
Der Wein erinnert durch sein Aroma an einen sommerlichen Spaziergang durch einen Früchtegarten und bildet damit die perfekte Begleitung zu meinem Erdbeer- und Rhabarberdessert.
www.feiler-artinger.at

SCHWIERIGKEITSGRAD: MITTEL | **ZUBEREITUNGSZEIT:** 1½ STUNDEN

JOHANNES FUCHS ANGELT FÜR SEIN LEBEN GERNE – NACH IMMER NEUEN INSPIRATIONEN FÜR JENE KULINARISCHEN KÖDER, DIE ER IN **„RAFFL'S ST. ANTONER HOF"** AUSWIRFT.

EIN GENIALER FANG

Stille Wasser sind nichts für Johannes Fuchs. Deshalb hat der gebürtige Niederösterreicher die plätschernden Bäche der Wachau hinter sich gelassen und gegen die wilden Gebirgsbäche des Arlbergs eingetauscht. Praktischerweise tummelt sich darin auch jenes schmackhafte Getier, das der junge Küchenchef des „St. Antoner Hofs" zu seinen Lieblingsprodukten zählt – die Lachsforelle. Es sind regionale Spitzenprodukte wie dieses, denen der bekennende Perfektionist, passionierte Handwerker und detailversessene Freigeist seine ganz und gar nicht gewöhnliche, sehr persönliche Note verleiht – und die ist mal französisch-mediterran, mal asiatisch, mal typisch österreichisch. Auf einen bestimmten Stil möchte er sich auch in Zukunft nicht festlegen. Stille Wasser sind eben nichts für ihn.

EIN TYPISCH UNTYPISCHES HIDEAWAY

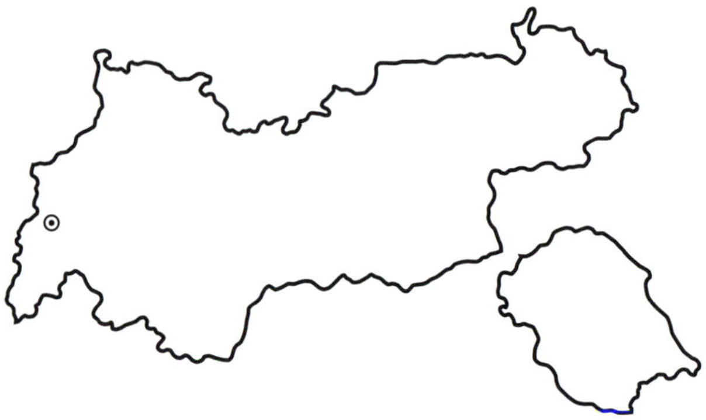

Raffl's St. Antoner Hof
Arlbergstraße 69
A-6580 St. Anton
Tel.: +43 (0) 54 46/29 10
E-Mail: hotel@antonerhof.com
www.antonerhof.com

Tirol ist anders, und auf „Raffl's St. Antoner Hof“ trifft dies in besoderem Maße zu. Denn im familiär geführten 5-Sterne-Haus im noblen St. Anton wird der viel zitierten Tiroler Gemütlichkeit in puncto Interieur und Kulinarik ein erfrischend moderner Anstrich verliehen. Klischees? Fehlanzeige. Wer hier eincheckt, sucht das Besondere – und findet es. Sei es in den Küchenkreationen von Johannes Fuchs oder im einzigartigen Ambiente, in dem regionaltypischen Antiquitäten ganz selbstverständlich extravagante Designobjekte zur Seite gestellt werden. Und wer den Tag in knallbunten Ledersesseln auf uralten Dielenböden umgeben von exotischen Pflanzen ausklingen lässt, versteht, was Hausherr Günther Raffl und seine Familie damit meinen, wenn sie vom „typisch Tirolerischen mit Augenzwinkern“ sprechen.

GEBEIZTE LACHSFORELLE
mit Gurke, grünem Apfel und Sauerrahm

FÜR 4 PERSONEN:

GEBEIZTE LACHSFORELLE:
380 g Forellenfilet
32 g Zucker
50 g Salz
1 EL geschroteter Pfeffer
1 Stk. Sternanis
etwas Dill, frisch gehackt
Limettensaft, Olivenöl, Salz
Pfeffer

GURKENVINAIGRETTE:
30 ml Champagneressig
50 ml Olivenöl
Saft von 1 Gurke
Saft von ½ Limette
Salz, Zucker

APFEL-GELEE:
300 ml Saft von grünen Äpfeln
50 g Zucker
4 Blatt Gelatine

APFEL-MACCARONS:
200 ml Saft von grünen Äpfeln
22 g Albumin
3 Blatt Gelatine

SAUERRAHM-MOUSSE:
225 g Sauerrahm
80 g Crème fraîche
2 Blatt Gelatine
150 g Sahne, halb steif
Salz, Zucker
Pfeffer
Limettensaft

GEBEIZTE LACHSFORELLE: Für die Beize Zucker, Salz, geschroteten Pfeffer, Sternanis und Dill miteinander vermengen, das Lachsforellenfilet auf der Fleischseite marinieren, in Frischhaltefolie einrollen und 24 Stunden ziehen lassen. Danach die Reste der Beize vom Filet entfernen und das Filet in hauchdünne Tranchen schneiden. Etwas Lachsforelle fein würfeln und mit Limettensaft, Olivenöl, Salz und Pfeffer abschmecken.

GURKENVINAIGRETTE: Gurken- und Limettensaft, Salz, Zucker und Champagneressig gut verrühren. Anschließend das Olivenöl langsam und unter ständigem Rühren hinzufügen, bis eine Emulsion entsteht.

APFELGELEE: Grünen Apfelsaft mit Zucker in einem Topf aufkochen, von der Herdplatte nehmen und leicht überkühlen. Gelatine in kaltem Wasser einweichen, in die leicht überkühlte Masse einrühren und auf ein Blech geben. Etwa 2 Stunden kalt stellen.

APFEL-MACCARONS: Etwas Apfelsaft mit der eingeweichten Gelatine erwärmen, bis sich die Gelatine aufgelöst hat. Den restlichen Apfelsaft und das Albumin hinzugeben, 3 Stunden kühl stellen und mit einer Rührmaschine aufschlagen. Die Masse anschließend auf Backpapier dressieren und im Backrohr bei 45 °C für 3 Stunden trocknen lassen.

SAUERRAHM-MOUSSE: Rahm, Crème fraîche, Salz, Zucker, Pfeffer und Limettensaft verrühren. Die eingeweichte Gelatine leicht erwärmen, mit einem Teil der Sauerrahm-Masse auf Temperatur bringen und unter ständigem Rühren in die restliche Masse geben. Danach Sahne unterheben und etwa 4 Stunden kühlen.

ANRICHTEN: Lachsforellen-Tranchen kreisförmig auflegen, mit Vinaigrette marinieren. Sauerrahm-Mousse rund ausstechen und mit Forellentatar und Maccaron zu einem Türmchen zusammensetzen.

PROFITIPP:
« **Die Gräten vom Lachsforellenfilet erst nach dem Beizen zupfen.**
Johannes Fuchs, Küchenchef

WEINEMPFEHLUNG:

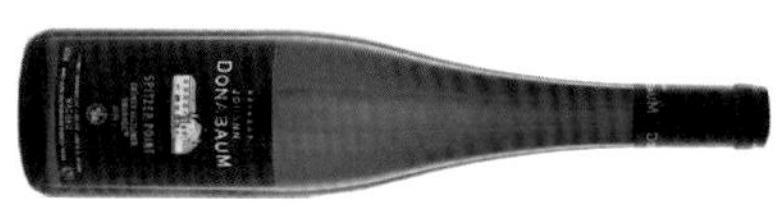

2010 GRÜNER VELTLINER „SPITZER POINT"
WEINGUT JOHANN DONABAUM
SPITZ A. D. DONAU/NIEDERÖSTERREICH
Balanciert, mit intensivem Duft nach reifem grünem Apfel und feine Würze nach weißem Pfeffer und Kardamom.
www.weingut-donabaum.at

SCHWIERIGKEITSGRAD: MITTEL | **ZUBEREITUNGSZEIT:** 1½ STUNDEN (OHNE RUHEZEITEN)

ROSA GEBRATENE REHKEULE
mit Pilzen und Kräuterbiskuit

FÜR 4 PERSONEN:

REHKEULE:
1 kg Rehkeule
7 g schwarzer Pfeffer
13 g Piment
7 g Wacholder
4 g Kümmel
13 g Koriander

KRÄUTERBISKUIT:
3 Eigelb
2 Eier
50 g Mehl
4 EL Kräuterpaste aus Schnittlauch, Petersilie, Liebstöckel
50 g nussbraune Butter

SELLERIEPÜREE:
300 g Sellerie
45 g Butter
75 ml Gemüsefond
50 ml Schlagsahne
etwas Zitronensaft
Pfeffer, Salz

PILZE:
100 g Kräuterseitlinge
100 g Enoki-Pilze
100 g Buchenpilze
40 g braune Butter
Salz, Pfeffer, Petersilie

REHKEULE: Schwarzen Pfeffer zusammen mit Piment, Wacholder, Kümmel und Koriander in einer Pfanne ohne Öl rösten, danach leicht auskühlen lassen und in einem Mörser fein zerstoßen. Die Rehkeulen mit den Gewürzen und etwas Olivenöl 12 Stunden marinieren lassen, danach im vorgeheizten Backrohr bei 120 °C etwa eine Stunde garen lassen.

KRÄUTERBISKUIT: Alle Zutaten mit einem Schneebesen vermischen, in einen iSi-Boy füllen und diesen mit 2 iSi-Kapseln bestücken. Einen leeren Joghurtbecher halbvoll mit der Masse befüllen und in der Mikrowelle auf stärkster Stufe etwa 30 Sekunden backen.

SELLERIEPÜREE: Den Sellerie in gleichmäßige Würfel schneiden und in der Butter leicht angehen lassen. Danach mit dem Gemüsefond aufgießen und weich kochen, die Schlagsahne hinzufügen und das Ganze mixen. Zuletzt mit Salz, Pfeffer und Zitronensaft abschmecken.

PILZE: Die Pilze mit einem Messer fein säuberlich putzen und mit der Butter in einer Pfanne ansautieren, anschließend würzen.

ANRICHTEN: Das Selleriepüree auf einen Teller aufstreichen, den Kräuterbiskuit und die Pilze darauf verteilen und zum Schluss eine schöne Scheibe von der Rehkeule auf den Teller legen.

PROFITIPP:

« **Wem eine Rehkeule zu durchwachsen ist, kann auch gerne einen Rehrücken nehmen. Hier gilt es allerdings, die Garzeiten genau zu beachten.**
Johannes Fuchs, Küchenchef

WEINEMPFEHLUNG:

2004 CUVÉE STEINZEILER
WEINGUT ANDREAS KOLLWENTZ
GROSSHÖFLEIN/BURGENLAND
Kräftige Österreich-Cuvée mit Anklängen von Cassis und Tabak, ein perfekter Wildbegleiter.
www.kollwentz.at

SCHWIERIGKEITSGRAD: SCHWER | **ZUBEREITUNGSZEIT:** 3 STUNDEN (OHNE RUHEZEIT)

TANNENHONIG-EIS
mit Marillenragout

FÜR 4 PERSONEN:

TANNENHONIG-EIS:
150 ml Milch
100 ml Sahne
20 ml Tannenschnaps
Mark von ½ Vanilleschote
45 g Tannenhonig
3 Eigelb
30 g Zucker

MARILLENRAGOUT:
250 g Marillen
4 cl Marillenschnaps
60 g brauner Zucker
1 Stk. Sternanis
Saft und Abrieb von ½ Zitrone
Zimtrinde, Nelken

MARILLENESPUMA:
200 g Joghurt
100 ml Milch
150 g Marillenmark
20 g Zucker
1 Blatt Gelatine
Mark von ½ Vanilleschote
etwas Zitronensaft

BUTTERMILCHKUGEL:
280 ml Buttermilch
Saft von ½ Zitrone
35 g Zucker
2 Blatt Gelatine
4 Stk. kleine Luftballons
eine Flasche Stickstoff

TANNENHONIG-EIS: Milch, Schlagsahne, Tannenschnaps und Vanillemark miteinander in einem Topf erhitzen und etwa 10 Minuten ziehen lassen. Die Eigelbe und den Zucker zusammen über Dampf schaumig aufschlagen, anschließend das Milchgemisch und den Tannenhonig langsam zu dem aufgeschlagenen Eigelb hinzufügen und zur Rose abziehen. Die Masse in eine Eismaschine füllen und frieren.

MARILLENRAGOUT: Die Marillen in kleine Würfel schneiden, braunen Zucker in einem Topf leicht karamellisieren, im Anschluss mit dem Marillenschnaps ablöschen. Danach die Marillen sowie die anderen Zutaten in einen Topf geben und etwa 10 Minuten leicht köcheln lassen.

MARILLENESPUMA: Marillenmark gemeinsam mit dem Zucker und der Vanille leicht erwärmen und mit der in kaltem Wasser eingeweichten Gelatine auflösen. Restliche Zutaten in einer Schüssel mit dem Schneebesen verrühren, alles vermengen und in eine iSi-Boy-Flasche, die mit 2 Kapseln bestückt ist, füllen.

BUTTERMILCHKUGEL: Buttermilch, Zitronensaft und Zucker verrühren, Gelatine warm auflösen und beigeben. Luftballon auf etwa 12 Zentimeter aufblasen, Buttermilchmasse in den Luftballon füllen, danach im Stickstoffbad drehen, bis die Masse komplett gefroren ist. Den Luftballon abziehen, mit einem Ausstecher ein Loch in die Kugel machen und danach mit Schokoladenspray absprühen.

ANRICHTEN: Das Marillen-Chutney auf dem Teller verteilen, eine Tannenhonig-Eisnocke daraufsetzen, zum Schluss die Buttermilchkugel mit Marillenespuma füllen und ausgarnieren.

PROFITIPP:
« **Das Marillenragout schmeckt am besten mit frischen Wachauer Marillen.**
Johannes Fuchs, Küchenchef

WEINEMPFEHLUNG:

2007 SAUVIGNON BLANC TROCKENBEERENAUSLESE
WEINGUT WALTER SKOFF
GAMLITZ/SÜDSTEIERMARK
Perfektes Frucht- und Säurespiel und eine tolle Süße.
www.skofforiginal.com

SCHWIERIGKEITSGRAD: LEICHT | **ZUBEREITUNGSZEIT:** 2 STUNDEN

JÜRGEN BENKER KANN VIELE DINGE VERDAMMT GUT, NUR STILL SITZEN GEHT GAR NICHT. IN DER KÜCHE DES **„ROT-FLÜH STÜBERLS“** GIBT ES FÜR DAS RASTLOSE KREATIV-GENIE NÄMLICH NUR EIN GAS: VOLLGAS.

MISTER 200 PROZENT

So ein Amtsantritt kann sich sehen lassen: 2009 betritt Jürgen Benker die Küche des Hotels „...liebes Rot-Flüh“ zum ersten Mal, kurz darauf bescheren ihm seine himmlischen Kreationen im Gourmetrestaurant „Rot-Flüh Stüberl“ zum Einstand drei Hauben und 17 Punkte von Gault Millau. Dieses rasante Tempo auf dem Weg zum Erfolg hält der nimmermüde Ritter des guten Geschmacks und Koch des Jahres 1999 schon seit einer gefühlten Ewigkeit. Die einzige Konstante in seinem Leben ist der Weg, der stets nach oben führt. Und so kocht Benker sich eben auch am wohl schönsten Ende der Tiroler Bergwelt mit beneidenswertem Fingerspitzengefühl für grandiose Aromen- und Geschmackskompositionen und einer Riesenportion Detailversessenheit rasant in die Herzen der Gäste und Kritiker. Was auch sonst.

J. Benker

GOURMETHOTSPOT AUS DEM BILDERBUCH

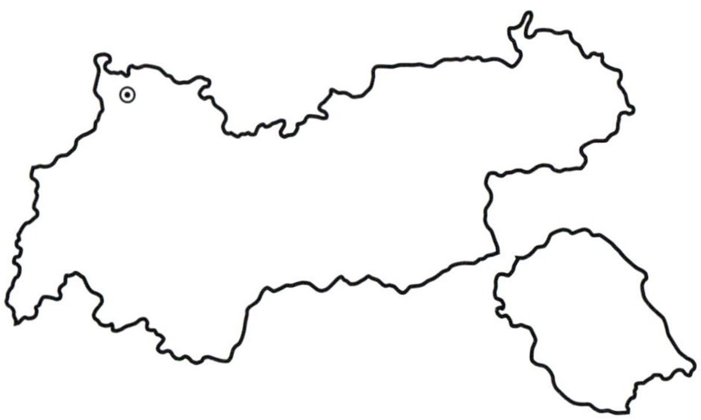

Rot-Flüh Stüberl
Traumhotel ...liebes Rot-Flüh
Seestraße 26
A-6673 Haldensee
Tel.: +43 (0) 56 75/64 31-0
E-Mail: traumhotel@rotflueh.com
www.rotflueh.com

An diesem Ort kann niemand anderer als Gott höchstpersönlich seinen Fingerabdruck hinterlassen haben – das wird den Gästen des 5-Sterne-Hotels „...liebes Rot-Flüh" im idyllischen Tiroler Tannheimertal spätestens dann klar, wenn sie aus dem Fenster blicken und sich einer beinahe schon unwirklich traumhaften Naturkulisse konfrontiert sehen. Im von Familie Huber mit viel Charme und Gespür für das Besondere geführten Edel-Retreat am Haldensee lässt es sich im wahrsten Wortsinne himmlisch relaxen, märchenhaft wohnen und – Jürgen Benker und seinem Team sei Dank – auch sagenhaft gut speisen. Mit Benker hinter dem Herd des „...liebes Rot-Flüh" ist das Traumhotel der Extraklasse nämlich für wahre Genussfreaks endgültig zur absoluten Traumdestination mutiert.

STEINPILZ-CAPPUCCINO
mit Langostino

FÜR 4 PERSONEN:

STEINPILZ-CAPPUCCINO:
2 EL Öl
2 gehackte Knoblauchzehen
1 kleine gehackte Zwiebel
1 TL Lorbeerblätter
schwarze Pfefferkörner
300 g frische Steinpilze
250 g getrocknete Steinpilze
1½ l Geflügelbrühe
500 g Kalbsfleisch
2 Karotten
½ Lauchstange
¼ Sellerieknolle
etwas flüssiges Eiweiß
100 ml Steinpilzessenz
50 ml Sahne
Butter, Salz, Pfeffer

LANGOSTINO:
6 Langostinos
20 ml ligurisches Olivenöl
20 g Butter
1 Thymianzweig
1 kleine Knoblauchzehe
Salz, schwarzer Pfeffer
etwas Zitronensaft

STEINPILZ-CAPPUCCINO: 50 Gramm getrocknete Steinpilze 3 Stunden im Geflügelfond einweichen, nach dieser Zeit aus dem Fond nehmen und beiseitelegen. Das Öl in einem Topf heiß werden lassen. Gehackte Zwiebel, Knoblauch, Lorbeerblätter und Pfefferkörner beigeben und gut anrösten. Die grob geschnittenen Pilzstiele dazugeben und mitrösten, bis sie eine hellbraune Farbe angenommen haben. Mit Geflügelfond komplett auffüllen und etwa 30 Minuten leicht kochen lassen. Dann vom Feuer nehmen und auskühlen lassen. Fleisch, Karotten, Sellerie und Lauch durch den Fleischwolf drehen und mit 200 Gramm getrockneten Steinpilzen und dem Eiweiß vermischen. Den gekühlten Pilzfond auf das durchgedrehte Fleisch gießen und gut durchrühren. Die Flüssigkeit vorsichtig anrühren und auf dem Herd langsam aufkochen lassen. Dann etwa 30 Minuten am Herdrand vorsichtig ziehen lassen. Vor dem Servieren die Essenz durch ein Passiertuch passieren und mit Salz und Pfeffer abschmecken. 100 Milliliter Steinpilzessenz mit der Sahne zum Kochen bringen, dann die Butter mit einem Stabmixer einrühren.

LANGOSTINO: Die Langostinos ausbrechen, dabei die Schwanzflossen aus dekorativen Gründen nicht ablösen. Die Därme entfernen, die Schwänze trocken tupfen und zur Hälfte einschneiden. Mit Salz, Pfeffer und Zitrone würzen. In Olivenöl mit Thymian und Knoblauch kurz anbraten und mit Butter 2 bis 3 Minuten fertigbraten.

ANRICHTEN: Steinpilz-Cappuccino in ein durchsichtiges Glas gießen und mit aufgeschäumter Essenz auffüllen. Mit einer aufgespießten Schwanzflosse wie abgebildet garnieren.

PROFITIPP:

« Damit die Langostinos nicht trocken werden, sollte man sie bei mäßigerHitze garen. Dieses Gericht kann auch mit Hummer oder Scampi serviert werden.
Jürgen Benker, Küchenchef

WEINEMPFEHLUNG:

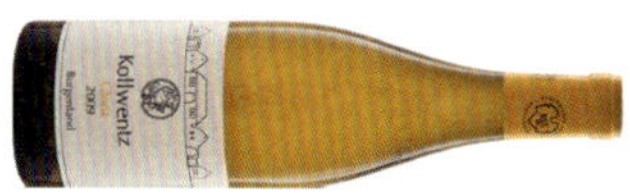

2009 CHARDONNAY GLORIA
WEINGUT KOLLWENTZ-RÖMERHOF
GROSSHÖFLEIN/NEUSIEDLER SEE
Dichte Nase unterlegt von gelben Früchten, Brioche, Vanille und Dörraromen, gut eingebautes Holz. Am Gaumen sehr ausgewogen, tolle Mineralik.
www.doellerer.at

SCHWIERIGKEITSGRAD: MITTEL | **ZUBEREITUNGSZEIT:** 5 STUNDEN

ZWEIERLEI VOM TIROLER MILCHKALB
mit Spargel und Trüffelblini

FÜR 4 PERSONEN:

MILCHKALB:
600 g Kalbsfilet
2 EL Öl
Salz, Pfeffer

KALBSSCHWANZ-PRALINE:
1 kg gehackter Kalbsschwanz
50 ml Öl
je 300 g Karotten, Lauch, Sellerie, Zwiebeln
3 TL Tomatenmark
250 ml Rotwein
1 l Kalbsfond
2 Lorbeerblätter
3 Wacholderbeeren
5 Pimentkörner
10 weiße Pfefferkörner
Rosmarin, Thymian
50 g Mehl
2 Eier
70 g Pankobrot
Salz, Pfeffer

GRÜNER SPARGEL:
16 Stangen grüner Spargel
50 g Butter
Salz, Zucker

TRÜFFELBLINI:
25 g Hefe
25 g Mehl
125 ml Milch
50 g Buchweizenmehl
50 g Mehl
4 Eier
10 g Trüffelwürfel
Salz, Öl, Zucker

MILCHKALB: Das Kalbsfilet mit Salz und Pfeffer würzen und in einer Pfanne mit heißem Öl von allen Seiten anbraten. Im Backofen auf ein mit Alufolie belegtes Blech geben und bei 90 °C für 30 bis 35 Minuten rosa garen. Herausnehmen und ruhen lassen.

KALBSSCHWANZ-PRALINE: Den Kalbsschwanz in heißem Öl goldbraun anbraten, Röstgemüse zugeben und weiterrösten. Tomatenmark hinzufügen, gut vermischen, mit Rotwein ablöschen, etwas reduzieren lassen und mit Brühe aufgießen. Einmal aufkochen lassen und den aufsteigenden Schaum abschöpfen. Gewürze zugeben und bei milder Hitze etwa eine Stunde weich garen. Den Kalbsschwanz herausnehmen, die Sauce durch ein feines Sieb passieren und auf ein Drittel einkochen lassen. In der Zwischenzeit das Fleisch vom Kalbsschwanz auslösen und in kleine Stücke schneiden. Das Fleisch wieder in die Sauce geben und mit Salz und Pfeffer würzen. Ein tiefes Blech mit Klarsichtfolie auslegen, die Masse daraufgeben und 12 Stunden auskühlen lassen. Danach die Masse herausnehmen und in gleichmäßige Würfel schneiden. Danach in Mehl, Ei und Pankobrot panieren und in heißem Fett bei 160 °C goldbraun ausbacken.

GRÜNER SPARGEL: Den Spargel in einer Pfanne mit etwas Butter, Salz und Zucker ansautieren.

TRÜFFELBLINI: Milch mit etwas Zucker erwärmen. 25 Gramm Mehl mit der zerbröselten Hefe zugeben und 10 Minuten gehen lassen. Dann beide Mehlsorten und die Eier beimengen und zu einem glatten Teig kneten. Würzen und die Trüffelwürfel hinzufügen. In heißem Öl kleine Blinis ausbacken.

ANRICHTEN: Spargel in der Mitte des Tellers platzieren, auf eine Scheibe Kalbsfilet die gebackene Praline setzen. Blinis danebensetzen und eventuell mit Portweinjus nappieren.

PROFITIPP:

« Anstelle des Kalbsfilets ist auch ein Kalbsrücken möglich. Das Pankobrot wird beim Ausbacken knuspriger, man kann es auch durch Semmelbrösel ersetzen.
Jürgen Benker, Küchenchef

WEINEMPFEHLUNG:

2007 PINOT NOIR „HOLZSPUR"
WEINGUT JOHANNESHOF REINISCH
TATTENDORF/THERMENREGION
Fein-würzige Nase, etwas Himbeerlikör, extraktreich und sehr elegant. Ein Pinot der Extraklasse!
www.doellerer.at

SCHWIERIGKEITSGRAD: SCHWER | **ZUBEREITUNGSZEIT:** 3 STUNDEN (OHNE RUHEZEITEN)

GIANDUJA-MOUSSE
mit Meersalzkaramell und Mandelmilcheis

FÜR 4 PERSONEN:

MOUSSE:
1 Ei
25 g Zucker
100 g Gianduja-Schokolade
3 Blatt eingeweichte Gelatine
100 ml Crème double
etwas Sahne

MEERSALZKARAMELL:
100 g Zucker
5 g Meersalz
60 ml Sahne

MANDELMILCHEIS:
300 ml Wasser
45 g Magermilchpulver
25 g Zucker
20 g Invertzucker
100 g Marzipan

FRANCHIPAN:
50 g Butter
50 g Zucker
1 Ei
40 g Mandelmehl
10 g Mehl
100 g Blätterteig
4 Mini-Bananen
2 EL Zitronensaft
30 g Zucker

MOUSSE: Ei mit Zucker schaumig rühren. Die Schokolade über dem Wasserbad bei milder Hitze schmelzen und vorsichtig unter die Ei-Zuckermasse rühren. Die ausgedrückte Gelatine in wenig heißer Sahne auflösen und mit der Schokomasse verrühren. Unter die etwas abgekühlte Masse die angeschlagene Crème double heben. Die Masse in kleine Kuppelformen füllen und im Froster für etwa drei Stunden anfrieren lassen. Danach aus den Formen nehmen und ein Loch ausstechen.

MEERSALZKARAMELL: Den Zucker in einem Topf hellbraun karamellisieren lassen. Gleichzeitig die Sahne mit dem Meersalz aufkochen lassen und vorsichtig zu dem Karamell geben. Alles zusammen gut verrühren und auskühlen lassen. Das ausgestochene Loch mit dem Karamell füllen, beide Hälften zusammensetzen und mithilfe einer Sprühpistole die Kugel mit einer Schokoladen-Kakaobuttermischung besprühen.

MANDELMILCHEIS: Das Wasser mit dem Magermilchpulver, Zucker und dem Invertzucker zum Kochen bringen. Das Marzipan in kleinen Stücken unter ständigem Rühren zugeben. Die Masse vom Herd nehmen und auskühlen lassen. In der Eismaschine cremig frieren.

FRANCHIPAN: Butter mit Zucker schaumig rühren, das Ei zugeben. Mandelmehl und Mehl unterheben. Alles zusammen zu einer glatten Masse verrühren. Den Blätterteig auf einer bemehlten Fläche dünn ausrollen und kleine Kreise ausstechen. Dünn mit dem Franchipan bestreichen. Darauf die Bananenscheiben legen, mit Zitronensaft und Zucker bestreuen. Im vorgeheizten Backofen bei 180 °C für 7 bis 8 Minuten goldbraun backen.

ANRICHTEN: Wie auf dem Foto abgebildet anrichten.

PROFITIPP:
« Das Dessert kann man mit Mandarinenkompott oder mit frischen Erdbeeren servieren. Alternativ kann man die gefüllte Schokoladenkugel auch mit Kakaopulver bestreuen.
Jürgen Benker, Küchenchef

WEINEMPFEHLUNG:

2009 RIESLING BEERENAUSLESE
WEINGUT S. MOSER
ROHRENDORF/NIEDERÖSTERREICH
Ein Süßwein mit intensiver Aromatik von Steinfrüchten und Honig. Durch seine Lebendigkeit und seine Dichte spielt er mit der salzigen Gianduja-Mousse ein Meisterstück. Eine perfekte Kombination.
www.doellerer.at

SCHWIERIGKEITSGRAD: SCHWER | **ZUBEREITUNGSZEIT:** 5 STUNDEN

ADRENALINKICKS HOLT SICH **STEPHAN DIALER** NICHT AM BERG, SONDERN IN DER KÜCHE DES **„SCHWARZEN ADLERS“** – UND KATAPULTIERT SICH SO KLASSISCH ÖSTERREICHISCH INS KULINARISCHE SPITZENFELD.

FREESTYLE FURIOSO FOR LIFE

Der Arlberg gilt ja gemeinhin als Wiege des alpinen Skilaufes und als Freeride-Paradies. Stephan Dialers Wiegenkinder sind zwar nicht sportlicher Natur, haben aber ebenso großes Potenzial, in die Geschichte einzugehen. Die kulinarischen Zukunftsträger aus der Küche des weltgewandten Tausendsassas lassen Gourmets in regelmäßigen Abständen in wahre Begeisterungsstürme ausbrechen. Zu Recht, denn Dialers bodenständige, regional geprägte Aromenküche zählt zu den besten, die man am Arlberg finden kann. Auf Chichi legt Dialer bei seinen Kreationen keinen gesteigerten Wert – was aber nicht bedeutet, dass er nicht gemeinsam mit seinem Team kreative Sessions in der Küche abhält, um seinen Gerichten den letzten Schliff zu verleihen. Kitchen-Freestyle vom Feinsten eben.

Stephan
Dialer

DIE WIEGE DER GENÜSSE

Schwarzer Adler
Dorfstraße 35
A-6580 St. Anton
Tel.: +43 (0) 54 46/22 44-0
E-Mail: hotel@schwarzeradler.com
www.schwarzeradler.com

Wer in der 400 Jahre alten, im Originalzustand erhaltenen Tiroler Zirbenholzstube des „Schwarzen Adlers" Platz nimmt, dem wird schnell klar, dass dieses Ambiente weltweit seinesgleichen sucht. Diese und viele andere kleine und große Raritäten des ehrwürdigen Hauses haben das Besitzerehepaar Edith und Franz Tschol mit unendlich viel Liebe zum Detail ins rechte Licht gerückt – das Ergebnis ist ein romantisches und doch kitschbefreites Refugium, das seit vielen Jahren zu den Lieblingsadressen der genussaffinen St. Antoner Hautevolee zählt. An diesem Höhenflug ist Stephan Dialer seit über zehn Jahren maßgeblich beteiligt, denn es ist nicht zuletzt seinen erlesenen Kreationen zu verdanken, dass die Zeit bei einem Besuch in seinem Restaurant immer viel zu schnell vergeht.

ANTON SCHWAB SÖHNE
INNSBRUCK

KANINCHEN MAL 2

mit Apfel-Kürbis-Ragout, Bärlauchpüree, Flusskrebsravioli und Portweinglace

FÜR 4 PERSONEN:

KANINCHENFILET & -KOTELETT:
2 Kaninchenrücken
5 Scheiben Parmaschinken
Salz, Pfeffer, Öl

APFEL-KÜRBIS-RAGOUT:
2 Schalotten
10 g Zucker
1 Stk. Sternanis
3 Stk. grüner Kardamom
etwas frischer Ingwer
125 ml Apfelsaft
2 Äpfel
200 g Muskatkürbis
½ Zimtstange
2 cl alter Balsamico
Salz, Pfeffer, Olivenöl
etwas weißer Portwein

BÄRLAUCHPÜREE:
200 g Kartoffeln
100 g Bärlauch
6 cl Milch
Muskat, Salz
Butter

FLUSSKREBSRAVIOLI:
250 g Nudelmehl
4 Eigelb
1 EL Olivenöl
2 cl Spinatsaft
16 Flusskrebs-schwänze, gehackt
1 EL Crème fraîche
Salz, Pfeffer, Kerbel
Zitronenzesten

KANINCHENFILET & -KOTELETT: Aus dem vorderen Teil mit den hohen Knochen die Koteletts schneiden. Die Rückenfilets auslösen, das Filet halbieren und eine Filethälfte mit Parmaschinken umwickeln. Die Filets würzen und in einer Pfanne mit etwas Öl anbraten. Ebenso mit den Koteletts verfahren.

APFEL-KÜRBIS-RAGOUT: Schalotten klein schneiden, in Olivenöl anschwitzen und die Apfel- und Kürbiswürfel dazugeben. Dann mit Zucker leicht karamellisieren, mit weißem Portwein und altem Balsamico ablöschen und mit dem Apfelsaft aufgießen. Den Ingwer fein hacken und dazugeben, den Sternanis, die Zimtstange und Kardamom mitdünsten. Mit Salz und etwas Pfeffer abschmecken.

BÄRLAUCHPÜREE: Die Kartoffeln kochen, schälen, passieren und mit Salz und etwas Muskat würzen. Danach mit etwas Butter und der Milch vermischen. Den Bärlauch blanchieren und in Eiswasser abschrecken. Anschließend den Bärlauch mixen, abseihen und unter das Püree rühren.

FLUSSKREBSRAVIOLI: Mehl mit Salz, Eigelb und Olivenöl verkneten, teilen und die Hälfte des Teiges mit Spinatsaft einfärben. Die beiden Teige ausrollen, abwechselnd aufschichten, vakuumieren und über Nacht rasten lassen. Für die Fülle die gehackten Flusskrebsschwänze mit Salz, Pfeffer, Kerbel, Zitronenzesten und Crème fraîche abschmecken. Den Teig dünn ausrollen und mit Eigelb bestreichen. Mit der Flusskrebsmasse füllen, zusammenklappen, festdrücken, ausstechen und in Salzwasser kochen.

ANRICHTEN: Bärlauchpüree auf den Teller streichen, blanchiertes Mini-Gemüse daraufsetzten und das Apfel-Kürbis-Ragout an den Seiten anrichten. Die gebratenen Kaninchenfilets und das Kotelett anrichten, mit Portweinglace und Kräutern garnieren.

PROFITIPP:
« **Je nach Saison können Sie auch Bärlauch oder Spinat für das Püree verwenden.**
Stephan Dialer, Küchenchef

WEINEMPFEHLUNG:

2010 GRÜNER VELTLINER RIED LAMM
WEINGUT SCHLOSS GOBELSBURG LANGENLOIS/KAMPTAL
Ein komplexer Grüner Veltliner mit schönen Noten von gelben Äpfeln, reifen Birnen und einem Hauch von Vanille.
www.gobelsburg.at

SCHWIERIGKEITSGRAD: MITTEL | **ZUBEREITUNGSZEIT:** 2 STUNDEN

HEILBUTTFILET MIT PISTAZIENKRUSTE

auf schwarzem Risotto mit Vanille-Tomaten und Krebssauce

FÜR 4 PERSONEN:

HEILBUTTFILET:
480 g zugeputztes Heilbuttfilet
100 g Pistazien
Salz, Pfeffer, Olivenöl

SCHWARZER RISOTTO:
200 g schwarzer Risottoreis
2 Schalotten
125 ml Weißwein
1 l Gemüsefond
30 g Butter
30 g Parmesan
Olivenöl, Salz, Pfeffer

KREBSSAUCE:
500 mg Krebskarkassen
100 g Butter
1 EL Tomatenmark
300 g Röstgemüse
250 ml Fischfond
500 ml Sahne
weißer Portwein, Noilly Prat
Weißwein, Cognac, Thymian
Salz, Pfeffer

VANILLE-TOMATEN:
250 ml Gemüsefond
1 Vanilleschote
16 Stk. Zuckererbsen
6 rote Kirschtomaten
6 gelbe Kirschtomaten
weißer Balsamico-Essig
Salz, Pfeffer

HEILBUTTFILET: Das Filet in Stücke zu je 120 Gramm portionieren und mit Salz und etwas Pfeffer würzen. Die gehackten Pistazien auf Butterpapier streuen, die Fischfilets daraufsetzen und in etwas Olivenöl anbraten.

SCHWARZER RISOTTO: Schalotten klein schneiden, in Olivenöl anschwitzen, dann den Reis hinzufügen und anglacieren. Mit Weißwein ablöschen, nach und nach mit heißem Gemüsefond aufgießen und weich kochen. Salzen und pfeffern und mit Butter und Parmesan vollenden.

KREBSSAUCE: Krebskarkassen mit dem Gemüse rösten, Tomatenmark dazugeben und mitrösten. Mit Weißwein, Noilly Prat und Portwein ablöschen, reduzieren, mit Cognac nochmals ablöschen und flambieren. Mit Fischfond aufgießen, danach mit Sahne einkochen und mit Thymian, Salz und Pfeffer abschmecken. Zum Schluss reduzieren und durch ein feines Sieb passieren.

VANILLE-TOMATEN: Gemüsefond gemeinsam mit der Vanilleschote aufkochen, salzen und einen Schuss weißen Balsamico-Essig hinzufügen. Beiseitestellen, die Kirschtomaten anstechen und im Fond durchziehen lassen. Die Zuckererbsenschoten blanchieren und mit Salz und Pfeffer abschmecken.

ANRICHTEN: Den cremigen schwarzen Risotto mittig auf dem Teller platzieren, das gebratene Heilbuttfilet daraufsetzen, Vanille-Tomaten und Erbsenschoten um das Filet verteilen und mit der Krebssauce und Kräutern garnieren.

PROFITIPP:
« **Anstelle von Heilbutt kann man auch auf Steinbutt oder Zander zurückgreifen.**
Stephan Dialer, Küchenchef

WEINEMPFEHLUNG:

2008 WEISSBURGUNDER STANGEL
WEINGUT TOPF
STRASS/KAMPTAL
Aroma von Trauben und Nüssen, am Gaumen dicht. Sehr typisch.
www.weingut-topf.at

SCHWIERIGKEITSGRAD: MITTEL | **ZUBEREITUNGSZEIT:** 1 ½ STUNDEN

CRÈME BRULÉE
vom grünen Matcha-Tee mit Himbeersorbet

FÜR 4 PERSONEN:

CRÈME BRULÉE:
300 ml Sahne
200 ml Milch
2 Stk. Zitronengras
1 Scheibe Ingwer
3 Eigelb
50 g Zucker
1 TL grüner Matcha-Tee
2 TL grünes Teepulver

HIMBEERSORBET:
100 g Zucker
25 ml Wasser
1 EL Zitronensaft
1 EL Himbeersaft
300 g frische Himbeeren

HIPPE:
5 Eiweiß
140 g Butter
165 g Staubzucker
165 g Mehl

ANRICHTEN:
frische Erdbeeren
frische Himbeeren
Minzblätter, brauner Zucker

CRÈME BRULÉE: Milch und Sahne mit den geklopften Zitronengras-Stangen und einer Scheibe gehacktem Ingwer langsam aufkochen. Grünes Teepulver und Matcha-Tee langsam einrühren und 30 Minuten ziehen lassen. Mit Eigelb und Zucker verrühren und gleichmäßig in 4 Gläser abfüllen. Gläser mit Frischhaltefolie abdecken und bei 92 °C für 18 Minuten pochieren.

HIMBEERSORBET: Himbeeren pürieren und durch ein feines Sieb passieren. Zucker und Wasser aufkochen, mit dem Püree und den restlichen Zutaten vermischen und anschließend mindestens eine Stunde durchfrieren lassen.

HIPPE: Alle Zutaten miteinander vermengen, die Hippenmasse dünn auf eine beliebige Schablone aufstreichen und bei 200 °C backen.

ANRICHTEN: Crème brulée mit braunem Zucker bestreuen und abflämmen. Sorbet ausstechen und in der Hippe anrichten. Mit frischen Beeren und Minzblättern garnieren.

PROFITIPP:
« **Die Crème brulée kann man individuell abschmecken und etwa statt des Zitronengrases auch einfach Zitronen- oder Orangensaft verwenden.**
Stephan Dialer, Küchenchef

WEINEMPFEHLUNG:

2010 SAUVIGNON BLANC SEKT
WEINGUT STEININGER
LANGENLOIS/KAMPTAL
Im Duft ein typischer Sauvignon Blanc, am Gaumen dicht mit mineralischen Anklängen. Dieser Sekt überzeugt durch sein feines Mousseux voll jugendlichen Esprits.
www.weingut-steininger.de

SCHWIERIGKEITSGRAD: LEICHT | **ZUBEREITUNGSZEIT:** 2 STUNDEN

THOMAS RITZER IST DER – IM POSITIVSTEN SINNE – KOMPROMISSLOSESTE KÜCHENCHEF TIROLS. WAS IN DER KÜCHE DES **„STANGLWIRTS“** DEN BIO-ANSPRÜCHEN DES MEISTERS NICHT GENÜGT, WIRD SOFORT AUSGESIEBT.

EIN ECHTER NATUR BURSCHE

Den Büffelkopf hat der „Stanglwirt“-Familie US-Botschafterin Swanee Hunt geschenkt. „Nette Frau, die Swanee“, fügt Thomas Ritzer hinzu und tätschelt sein Kuscheltier. Was der Küchenchef des „Stanglwirts“ und der Bison gemeinsam haben, ist, dass sie in bestimmten Situationen beide eine gewisse Kompromisslosigkeit an den Tag legen. In Thomas Ritzers Fall bedeutet das: In seiner Küche landen großteils Produkte aus nachhaltig biologischer Landwirtschaft. Jedes Äpfelchen unterzieht der Produktfanatiker eingehender Prüfung, nur bei den Spezialitäten aus der hauseigenen Metzgerei kann er sich die Qualitätskontrolle sparen. Regionale Top-Produkte, perfektes Handwerk und eine Prise Extravaganz: Das sind die Zutaten, mit denen Thomas Ritzer unvergesslich aromatische Sensationen kreiert.

Stanglwirt

PARTYS, PROMIS & PURES LEBEN

Stanglwirt
Kaiserweg 1
A-6353 Going
Tel.: +43 (0) 53 58/20 00
E-Mail: daheim@stanglwirt.com
www.stanglwirt.com

Sie waren alle schon mal hier – die echten Stars und auch jene, die immer noch hart an ihrem A-Promi-Status arbeiten. Was den „Stanglwirt" in Going aber nicht nur für prominente Gesichter zum absoluten Place to be macht, ist so glasklar wie die umliegenden Bergseen: Es ist die grandiose Kombination aus den wahrlich schönsten Dingen des Lebens, jedes ein Highlight für sich: Sei es nun der atemberaubende Ausblick auf den Wilden Kaiser, ein gediegenes Dinner in der Kuhstallstube – direkter Blick auf friedliche Wiederkäuer inklusive – oder ein Aperitif in der Lobby, die freie Sicht auf die Lipizzaner des hauseigenen Gestüts bietet. Mit seiner hochgelobten und raffiniert-bodenständigen Aromenküche setzt Thomas Ritzer diesem Erlebnisraum der Extraklasse die Krone auf. Mehr Lebensfreude geht nicht.

Stanglwirt

CONFIERTER SEESAIBLING
mit Saiblingskaviar, Gartengurken und Buttermilch

FÜR 4 PERSONEN:

SEESAIBLING:
4 Saiblingsfilets à 100 g
1 l Olivenöl
Fleur de Sel
weißer Pfeffer

GARTENGURKEN:
1 mittelgroße Gurke
Salz, Pfeffer
Dill, Borretsch
Olivenöl
weißer Balsamico-Essig

BUTTERMILCHSCHAUM:
125 ml Buttermilch
Salz
etwas Zitronensaft
etwas Lecithin

ANRICHTEN:
Saiblingskaviar
Olivenölperlen
Shisokresse

SEESAIBLING: Das Olivenöl auf 62 °C erhitzen und den Seesaibling gemeinsam mit den Gewürzen darin etwa 25 Minuten confieren.

GARTENGURKEN: Die Gurke schälen und in gleichmäßige Würfel schneiden. Mit Salz, Pfeffer, einem Schuss weißem Balsamico-Essig, Olivenöl und den Kräutern marinieren.

BUTTERMILCHSCHAUM: Alle Zutaten vermengen und kurz mit einem Mixer aufschäumen.

ANRICHTEN: Die marinierten Gartengurken auf dem Teller verteilen. Den confierten Seesaibling aus dem Olivenöl nehmen, abtupfen und auf die Gurken legen. Mit der geschäumten Buttermilch, dem Saiblingskaviar, Olivenölperlen und der Kresse garnieren.

PROFITIPP:
« Achten Sie darauf, dass die Temperatur des Olivenöls nicht zu hoch ist, da sonst das Fischeiweiß stockt und das Fischfilet seine schöne glasige Färbung verliert.
Thomas Ritzer, Küchenchef

WEINEMPFEHLUNG:

2009 SAUVIGNON BLANC „QUARZ"
KELLEREI CANTINA TERLAN
TERLANO/SÜDTIROL
Komplexes Bukett, feine Aprikosen- und Holunderaromen, leichte Brennnesselnuancen, dezente Holzkomponente. Vielschichtig.
www.kellerei-terlan.com

ROSA GEBRATENER HIRSCHRÜCKEN

mit Portweinsauce, Pastinaken und glacierten Waldbeeren

FÜR 4 PERSONEN:

HIRSCHRÜCKEN:
4 Hirschrückensteaks à 150 g
Butterschmalz
Wildgewürzmischung
oder
Salz, geschroteter Pfeffer und
Kräutermischung

PORTWEINSAUCE:
Wildabschnitte und Knochen
1 Bund Wurzelgemüse
Tomatenmark
Rotwein
Kalbsfond
Lorbeerblätter, Thymianzweig
gehackte Schalotten
Portwein
Butter

PASTINAKENPÜREE:
Pastinaken
Sahne
Salz, Muskat, weißer Pfeffer
Butter

GESCHMORTE PASTINAKEN:
Pastinaken
Butterschmalz
Salz, weißer Pfeffer

GLACIERTE WALDBEEREN:
verschiedene Waldbeeren
etwas Butter
Zucker
Rotwein

HIRSCHRÜCKEN: Hirschrückensteaks würzen und von allen Seiten in einer Pfanne mit Butterschmalz anbraten. Etwa 5 Minuten weiterbraten, bis die Steaks rosa sind. Mit den Kräutern in Alufolie wickeln und 10 Minuten rasten lassen.

PORTWEINSAUCE: Wildabschnitte und Knochen in einem Topf anbraten, das Wurzelgemüse dazugeben, tomatisieren, mit Rotwein ablöschen und mit Kalbsfond aufgießen. Die restlichen Gewürze hinzufügen und auf ein Drittel reduzieren lassen. Die Sauce durch ein Passiertuch abseihen. Die gehackten Schalotten in einer Sauteuse anschwitzen, mit Portwein aufgießen, auf die Hälfte reduzieren lassen und mit der Wild-sauce noch einmal aufgießen. Abschmecken und mit Butter montieren.

PASTINAKENPÜREE: Die geschälten Pastinaken in Würfel schneiden, in Butter anschwitzen, mit Sahne aufgießen, würzen und so lange weich kochen, bis kaum noch Flüssigkeit übrig ist. Passieren und mit Butter montieren.

GESCHMORTE PASTINAKEN: Die Pastinaken schälen und vierteln. In Butterschmalz bei geringer Hitze in einer Pfanne so lange braten, bis sie bissfest sind. Abtupfen und mit Salz und weißem Pfeffer würzen.

GLACIERTE WALDBEEREN: Zucker mit Butter leicht karamellisieren lassen und mit Rotwein ablöschen. Etwas einkochen lassen, falls nötig noch mit etwas Butter montieren und am Ende die Beeren dazugeben.

ANRICHTEN: Das Hirschrückensteak in der Mitte halbieren und mit der Schnittfläche nach oben mittig platzieren. 3 Nocken Pastinakenpüree am Teller verteilen und mit frittierten Pastinaken-Chips garnieren. Gebratene Pastinaken an das Steak legen, mit Portweinsauce umgießen und mit Waldbeeren garnieren.

PROFITIPP:

« Verwenden Sie hochwertige Weine für die Sauce. Je hochwertiger der Wein, desto besser wird die Sauce. Und ein guter Schluck Wein während des Kochens kann ja auch nicht schaden ...
Thomas Ritzer, Küchenchef

WEINEMPFEHLUNG:

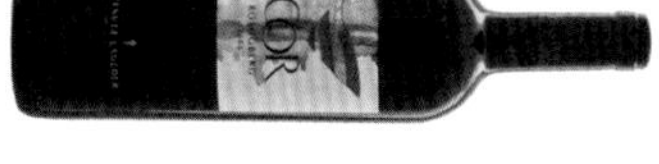

2006 CABERNET SAUVIGNON
COR RÖMIGBERG
TENUTA LAGEDER
MARGREID/SÜDTIROL
Fruchtig nach Kirsche und Schwarzer Johannisbeere, würzig.
www.aloislageder.eu

SCHWIERIGKEITSGRAD: MITTEL | **ZUBEREITUNGSZEIT:** 2 STUNDEN

GRAND-MARNIER-PARFAIT-SOUFFLÉ

mit Orangensalat und Matcha-Tee-Zigarre

FÜR 4 PERSONEN:

GRAND-MARNIER-PARFAIT:
150 ml Sahne
6 Eigelb
60 g Zucker
1 unbehandelte Bio-Orange
80 ml Grand Marnier

ORANGENSALAT:
4 unbehandelte Bio-Orangen
Orangensaft
Nelken, Sternanis, Vanille
etwas Akazienhonig

MATCHA-HIPPENMASSE:
75 ml flüssige Butter
125 g Zucker
50 g Honig
25 g Mehl
Saft von 1 Zitrone

MATCHA-FÜLLE:
270 ml Sahne
2 cl Tia Maria
4 cl weißer Rum
135 g weiße Kuvertüre
3 Eigelb
2 Blatt Gelatine
1 TL Matcha-Tee-Pulver
Grand Marnier
Kakaopulver

GRAND-MARNIER-PARFAIT: Die Soufflé-Formen für das Parfait mit Backpapier umwickeln, der Rand soll etwa 2 Zentimeter über die Form hinausragen. Das Eigelb mit dem Abrieb einer Orange, dem Zucker und Grand Marnier über Wasserdampf aufschlagen. Die Masse kalt schlagen und danach die Sahne unterheben. In die Formen füllen und im Schockfroster 6 Stunden gefrieren lassen.

ORANGENSALAT: Den Orangensaft mit den Gewürzen und dem Akazienhonig aufkochen und die filetierten Orangenfilets darin einlegen.

MATCHA-HIPPENMASSE: Alle Zutaten vermischen und in einer rechteckigen 15 x 5 Zentimeter großen Schablone auf ein Backblech streichen, backen und noch heiß zu einer Zigarre rollen.

MATCHA-FÜLLE: Eigelb mit dem Matcha-Tee-Pulver über dem Wasserbad schaumig rühren. Die eingeweichte Gelatine darin auflösen und kalt schlagen. Die geschmolzene weiße Kuvertüre mit dem Alkohol in die Masse einrühren, die geschlagene Sahne unterheben und die Masse mehrere Stunden im Kühlschrank durchkühlen lassen.

ANRICHTEN: Die Soufflé-Förmchen mit Kakaopulver bestreuen, mit einem Parisienne-Ausstecher eine Kugel ausstechen und auf das Soufflé legen. Die Aushöhlung mit Grand Marnier füllen und alles auf dem Teller platzieren. Den Orangensalat aus der Marinade nehmen und in einer kleinen Schale anrichten. Die Hippen-Zigarre mit der Matcha-Tee-Mousse füllen.

PROFITIPP:

« **Sie können die Hippen noch mit Nüssen oder Sesam bestreuen – das gibt noch einmal ein extra tolles Geschmackserlebnis.**

Thomas Ritzer, Küchenchef

WEINEMPFEHLUNG:

2006 BEERENAUSLESE
WEINGUT ANGERHOF TSCHIDA
BISCHOFFINGEN/BADEN
In der Nase Tropenfruchtbukett. Am Gaumen saftig, voller süßer exotischer Früchte, finessenreiche Säurestruktur, mineralisch und lange anhaltend.
www.angerhof-tschida.at

SCHWIERIGKEITSGRAD: MITTEL | **ZUBEREITUNGSZEIT:** 3 STUNDEN (OHNE RUHEZEITEN)

|M|

|P|

|R|

|S|

|T|

|Z|

DESIGNHOTEL MADLEIN

EUROPA STÜBERL

GALZIG VERWALLSTUBE

GOURMETRESTAURANT HEIMATLIEBE

HOTEL TIROL

INTERALPEN-HOTEL TYROL

KAISERHOF ELLMAU

PAZNAUNER STUBE

RAFFL'S ST. ANTONER HOF

ROT-FLÜH STÜBERL

SCHWARZER ADLER

STANGLWIRT

OUTTAKES: WIR TRAFEN AUF UNSERER REISE **12 HERZLICHE, ENGAGIERTE UND GEDULDIGE HERDKÜNSTLER** – UND DIE PRÄSENTIERTEN UNS NEBST IHRER CHARMANTESTEN AUCH IHRE WITZIGSTE SEITE.

DIE LUSTIGSTEN SEITEN DIESES KOCHBUCHS

Auch wenn es auf den ersten Blick nicht so aussieht: In Roland Geisbergers Kochtöpfen landen keine Crewmitglieder. Dass der kleinste Koch des „Europa Stüberls“ aber tatsächlich in diesem Topf Platz findet, wollte unter Beweis gestellt werden. Auch bei Geisbergers Kollegen ging es alles andere als bierernst zu, wie Christoph Zangerl mit diesem Lachen bestätigt. Die Herren hatten offenkundig Spaß daran, ihr komödiantisches Talent vor der Kamera auszupacken. So wie Jürgen Benker, der kurzerhand vom Spitzenkoch zum Gärtner befördert wurde und diesen Perspektivenwechsel sichtlich genoss. Oder Manfred Aloys, der mit seinen Jonglierkünsten klarstellte, dass er auch als Zirkusartist seine Brötchen verdienen könnte. Ihm zur Seite stünde dann bestimmt Johannes Fuchs, der aber noch ein wenig üben muss, um Weinflaschen perfekt schweben zu lassen.

Stanglwirt

Wenn Günter Lampert den Golfschläger auspackt, gibt es für ihn kein Halten mehr, die Terrasse wird kurzerhand zum Golfplatz – und seine Körperhaltung ließe selbst Tiger Woods vor Neid erblassen. Kollege Neuhold hält sich lieber mit Weinflaschenstemmen fit, einer Randsportart am Arlberg, der Neuhold mit diesem Foto bestimmt zu steigender Popularität verhelfen wird. Stephan Dialer sollte zwar „nur" eine Speisekarte stemmen, weil aber manche Dinge einfacher aussehen, als sie tatsächlich sind, absolvierte er mit Unterstützung von Autorin Stephanie Fuchs noch einen Schnellkurs in „Posen für Profis". Apropos Pose: In puncto Kameralächeln kann Bruno Sojer sich noch ein bisschen was von Martin Sieberer, Andreas Senn oder Thomas Ritzer abschauen. Aber wer so verdammt coole Hörner mit sich rumträgt, muss halt auch verdammt cool in die Kamera blicken.

Andreas Senn

ADRESSEN ALLER BETRIEBE

DESIGNHOTEL MADLEIN
Madleinweg 2 | A-6561 Ischgl
Tel.: +43 (0) 54 44/52 26
info@madlein.com
www.madlein.com

EUROPA STÜBERL
Südtiroler Platz 2 | A-6020 Innsbruck
Tel.: +43 (0) 512/59 31
info@grandhoteleuropa.at
www.grandhoteleuropa.at

GALZIG VERWALLSTUBE
Bergstation Galzig | A-6580 St. Anton
Tel.: +43 (0) 54 46/235 25 01
galzigrestaurant@abbag.com
www.skiarlberg.at

GOURMETRESTAURANT HEIMATLIEBE
Ried Kaps 7 | A-6370 Kitzbühel
Tel.: +43 (0) 53 56/65 66 09 92
kitzbuehel@arosa.de
www.a-rosa.at

HOTEL TIROL
Dorfstraße 77 | A-6561Ischgl
Tel.: +43 (0) 54 44/52 16
hotel@tirol-ischgl.at
www.tirol-ischgl.at

INTERALPEN-HOTEL TYROL
Dr.-Hans-Liebherr-Alpenstraße 1 | A-6410 Telfs-Buchen
Tel.: +43 (0) 50 80 930
reservation@interalpen.com
www.interalpen.com

KAISERHOF ELLMAU
Harmstätt 8 | A-6352 Ellmau
Tel.: +43 (0) 53 58/20 22
info@kaiserhof-ellmau.com
www.kaiserhof-ellmau.com

PAZNAUNER STUBE
Dorfstraße 95 | A-6561 Ischgl
Tel.: +43 (0) 54 44/600
office@trofana.at
www.trofana-royal.at

RAFFL'S ST. ANTONER HOF
Arlbergstraße 69 | A-6580 St. Anton
Tel.: +43 (0) 54 46/29 10
hotel@antonerhof.com
www.antonerhof.com

ROT-FLÜH STÜBERL
Seestraße 26 | A-6673 Haldensee
Tel.: +43 (0) 56 75/643 10
traumhotel@rotflueh.com
www.rotflueh.com

SCHWARZER ADLER
Dorfstraße 35 | A-6580 St. Anton
Tel.: +43 (0) 54 46/22 44-0
hotel@schwarzeradler.com
www.schwarzeradler.com

STANGLWIRT
Kaiserweg 1 | A-6353 Going
Tel.: +43 (0) 53 58/20 00
daheim@stanglwirt.com
www.stanglwirt.com

IMPRESSUM

Vielen Dank an alle beteiligten Köche und Gastgeber.

Ein „GOURMETREISE-Edition"-Kochbuch des M.V. Verlages.
www.gourmetreise.com

Redaktionell verantwortlich für den Inhalt: Mag. Stephanie Fuchs
Autorin: Mag. Stephanie Fuchs
Layout: Wolfgang Hummer, DI (FH) Philipp Wagner
Fotografie: Wolfgang Hummer/www.wohu.at
Weitere Fotos im Innenteil: soenne.de/madlein.com, www.lukarts.at, Albin Niederstrasser Photographie, Alexander Vorderleitner
Druck: Niederösterreichisches Pressehaus
printed in Austria
ISBN 978-3-9503065-0-7
www.gourmetreise.com

BEREITS ERSCHIENEN

„GOURMETREISE" – DAS REISEMAGAZIN FÜR GENIESSER

Top-Storys und Reportagen von kreativen und versierten Reise-, Food- und Weinjournalisten führen Sie zu den außergewöhnlichsten Orten und den geheimen Genusstempeln rund um den Globus – Insidertipps inklusive! Das und die bestechende Bildsprache machen GOURMETREISE zu dem Magazin für Reisen, Essen und Trinken.

***EUR 4,90** – alle drei Monate neu am Kiosk oder als Abo!*

„WIEN KOCHT"

Im zweiten Band der Reihe verraten 11 der besten und angesagtesten Köche der Donaumetropole Ihre Lieblingsrezepte und erzählen zwischen Kochmütze und Stabmixer über ihren Werdegang, ihre Inspirationen, Vorbilder, Küchencredos und größten Hoppalas.

EUR 24,90

„BURGENLAND KOCHT"

Für dieses außergewöhnliche Buch öffnet die geballte Kochelite des Burgenlands erstmals die Türen zu ihren Kreativwerkstätten. Im dritten Band der Reihe verraten 11 Top-Stars, wie Walter Eselböck, Max Stiegl & Co. ihre besten Rezepte zum einfachen Nachkochen.

EUR 24,90

„BAYERN KOCHT"

Im ersten Band der Reihe „Deutschland kocht" stellt die bayrische Kochelite den Freistaat als Spielwiese für Genießer vor. 15 der außergewöhnlichsten Köche des Landes – von Legenden wie Heinz Winkler bis zu Newcomern wie Bernd Arold – präsentieren auf 167 Seiten ihre besten Rezepte.

EUR 29,90